吉高
YURIKO YOSHITAKA
由里子

人気女優のスピリチュアル・パワー

大川隆法
Ryuho Okawa

まえがき

女優・吉高由里子《よしたかゆりこ》さんの存在を意識し始めたのは一体いつ頃からだったか、判然《はんぜん》とはしない。

さるデパートと専門店で、家内が女優の吉高さんに似ているといわれて、夫としてやむなく「ヨイショ代」として服代を奮発《ふんぱつ》した事実はあるので、数年前には十分知っていたのだろう。

映画「蛇にピアス」（二〇〇八年公開）の頃はまだピンとは来なかった。しかし、「僕等がいた」（前篇・後篇／二〇一二年公開）の時には、「いい映画だと思う。」とはっきり公開の場で言っていたので、女優としての実力は認めていたのだと思う。

本書では、霊能女優《れいのうじょゆう》ともいわれる彼女のスピリチュアル・パワーの根源が霊査《れいさ》されている。いくら黒鳥《こくちょう》の役をしても、自然に白鳥《はくちょう》に戻ってゆく彼女の秘密がよく判《わか》るのだ。本来、汚《けが》れなき魂の持ち主なのだろう。

吉高由里子さんのますますのご活躍をお祈りしている。

二〇一八年　八月十二日

幸福《こうふく》の科学《かがく》グループ創始者兼総裁《そうししゃけんそうさい》　大川隆法《おおかわりゅうほう》

CONTENTS

吉高由里子

人気女優のスピリチュアル・パワー

2018年5月7日　収録
幸福の科学 特別説法堂《せっぽうどう》にて

2 吉高由里子、女優の原動力

「霊言現象《れいげん》」とは、あの世の霊存在の言葉を語り下ろす現象のことをいう。これは高度な悟《さと》りを開いた者に特有のものであり、「霊媒現象《れいばい》」(トランス状態になって意識を失い、霊が一方的にしゃべる現象)とは異なる。

また、人間の魂《たましい》は原則として六人のグループからなり、あの世に残っている「魂のきょうだい」の一人が守護霊《しゅごれい》を務めている。つまり、守護霊は、実は自分自身の魂の一部である。したがって、「守護霊の霊言」とは、いわば本人の潜在《せんざい》意識にアクセスしたものであり、その内容は、その人が潜在意識で考えていること(本心)と考えてよい。

なお、「霊言」は、あくまでも霊人《れいじん》の意見であり、幸福の科学グループとしての見解と矛盾《むじゅん》する内容を含《ふく》む場合がある点、付記しておきたい。

吉高由里子

YURIKO YOSHITAKA

人気女優のスピリチュアル・パワー

2018年5月7日　収録
幸福の科学 特別説法堂《せっぽうどう》にて

吉高由里子《よしたかゆりこ》【一九八八～】

女優。東京都出身。二〇〇四年、原宿《はらじゅく》でスカウトされ芸能界入り。二〇〇六年に「紀子《のりこ》の食卓《しょくたく》」で映画デビュー。二〇〇八年、初主演を務めた映画「蛇《へび》にピアス」で第32回日本アカデミー賞新人俳優賞を受賞する。その後も、映画「僕等《ぼくら》がいた 前篇《ぜんぺん》・後篇」「横道世之介《よこみちよのすけ》」など多数の作品に出演。二〇一四年にはＮＨＫ連続テレビ小説「花子《はなこ》とアン」で主演を務め、国民的人気を獲得《かくとく》する。二〇一七年、映画「ユリゴコロ」で第41回日本アカデミー賞優秀《ゆうしゅう》主演女優賞を受賞。二〇一八年、日本テレビ系ドラマ「正義のセ」で主人公の新米検事を、映画「検察側の罪人」で検察事務官を演じている。

質問者 ※質問順

竹内久顕《たけうちひさあき》（幸福の科学メディア文化事業局担当理事 兼《けん》アリ・プロダクション㈱芸能統括《とうかつ》専務取締役《とりしまりやく》）

長谷川奈央《はせがわなお》（ニュースター・プロダクション所属）

大川紫央《おおかわしお》（幸福の科学総裁補佐《ほさ》）

［役職は収録時点のもの］

1 霊感《れいかん》体質で「乗り移り型」の女優・吉高由里子《よしたかゆりこ》

先を行《い》っている方から謙虚《けんきょ》に学びたい「成功の秘訣《ひけつ》」

大川隆法　今日は、女優の吉高由里子《よしたかゆりこ》さんの守護霊霊言《しゅごれいれいげん》を行おうと思います。

実を言うと、芸能系の人の守護霊霊言は半年ほど止《と》めていました。というのも、以前と違《ちが》って、何となくやりにくくなってきた感じも出てきていたからです。

幸福の科学グループも芸能プロダクションを二つ持っていて（ニュースター・プロダクションとアリ・プロダクション）、そちらの宣伝をしたり、映画をつくったりもしています。そうした意味では、同業の面が少し出てきていて、「ほかの事務所の芸能人についての本を出したりしてよいのかどうか」といった感じもややあるわけです。

また、有名な人の守護霊霊言などを出すと、事務所から、「引き抜《ぬ》かれるのではないか」「悪口を言われるのではないか」といった念波《ねんぱ》も少し出てきたりします。

あるいは、すでに評価が固まっている、かなり偉《えら》い人になってくると、一般的《いっぱん》に、政治家などと同じような感じで、「出されるのは困る」といったところもあるのかなと思うのです。

こうしたこともあって、「どうしようかな」と若干《じゃっかん》、迷いもありました。

ただ、「もう少し謙虚《けんきょ》であるべきかな」とも思っています。当会も芸能プロダクションをつくって活動しているとはいえ、本格的な活動期間はまだ一、二年程度でしょう。実際はもっとあるかもしれませんが、この業界においては、まだ「ひよこ」です。

内部のプロダクションには芸歴の長い大先輩《だいせんぱい》はおらず、教えてくれる人もいないので、「外で活躍《かつやく》しておられる人で、多少なりとも親和性がありそうな人の守護霊あたりにご意見を伺《うかが》い、芸能についての真理はどのへんにあるのかを謙虚に勉強したい」という気持ちを持っています。

また、「私自身が教科書を書くだけで、できるようなものでもない。さまざまな方の体験や話などを聞いてできるものもあるだろう」とも考えています。

それから、当会においては、宗教と芸能とは関係しているので、「この両方にかかわる芸能活動に関心のある人の守護霊だったら、どのようなことを言うのかな」という点も興味のあるところです。

霊言を出すと、事務所のほうは「リクルートに来るのではないか」と心配する向きもあるかとは思いますが、こちらにそういう意図はありません。

当会のプロダクションは、若い人をたくさん抱《かか》えていて、これから彼らを育てていこうとしています。ただ、先輩の数が少ないので、しばし先を行《い》っている方、五年、十年先を行って活躍しておられる方から、「成功の心構えや方程式」などを学ばせていただきたいと思っています。

これは、私たちにとってだけでなく、今後、芸能界を目指す人にとっても参考になるでしょうし、一般社会での成功の秘訣《ひけつ》にもつながるもののとなるでしょう。「多くの人の心をつかまえて人気が出せる人」は、何をやってもだいたい成功するものだからです。

また、宗教的に言っても、こうした成功の法則というか、成功の理由をいろいろと探《さぐ》っていくことによって、くすぶっている人、敗北感や挫《ざ》折《せつ》感、悩《なや》みのなかにある人など、多くの人たちに対して、何らかの真理の手がかりのようなものを与《あた》えることができるのではないかと思っています。

巷《ちまた》のホラー映画は霊界《れいかい》の真実とズレている?

大川隆法 さて、私は今朝《けさ》、起き掛《が》けからアメリカ製のホラー作品を観《み》ていました(笑)。

これまでにも、かなりの数のホラー作品を観てきましたが、〝投資対効果〟で考えると、「使えないもの」が多かったように思います。私たちが「宗教的に真理だ」と思っているものと、映画で描《えが》かれているものとの落差がそうとうあって、ほとんど使えないのです。

実際に霊《れい》の世界と交流し、仕事相手にもしている私には、ホラーを観れば観るほど、「いやあ、これはないでしょう（苦笑）。ありえない」「エンターテインメントとしては許されるのだろうか。でも、これは真理なのかな。どうなのかな」というように感じられます。

「宗教なのだから、ホラーは近いのではないか」と思われるかもしれませんが、「宗教だからこそ、これはつくれないな」といったものが多いのです。フェイクとまで言ってはいけないと思いますが、フィクションが多すぎて残念に感じます。みなさんにとって参考になるような、

「本当の意味での霊界《れいかい》の案内」といった作品はあまりなく、たまにあったとしても内容は浅いのです。

ただ、そういうものを観たあとに、私の出している本を読むと、「うわっ、ずいぶん〝ぶっ飛んで〟いるんだな」とも感じます。「霊界の存在」や「あの世において、いろいろな霊が仕事をしていること」などを当然のこととして、それらをさらに突《つ》き詰《つ》めるべく、たくさんの本が書かれているからです。

ホラーもので、多少真理が入っている作品を観ても、せいぜい、「あの世がある」とか、「霊がいる」とか、「死んだことに気がついている人と、気がついていない人がいる」とか、あるいは「祟《たた》り」や「呪《のろ》い」、「家に憑《つ》いている悪霊《あくれい》」、このようなものを描いている程度なので、「使えない」というか、現実には違和《いわ》感があります。

むしろ、今回の質問者で、スピリチュアル・エキスパートでもある竹内さんあたりに凶悪《きょうあく》な霊を入れて、二時間ぐらい七転八倒《しちてんばっとう》させ、「演技でこれができるか？」というようなところを見せたほうが、「これこそホラーですね！」となって、納得性《なっとくせい》が高いのかもしれません（会場笑）。ホラー映画には、そうしたシーンがたくさん出てくるからです。

ただ、実際の霊界での生活は、この世の延長上にあります。私には、あの世の霊は「殻《から》を脱《ぬ》いだチョウチョ」のように視《み》えていて、それほど怖《こわ》いものには見えないのです。死んだ人とは毎日のように話をしていますが、特に「怖い」とは感じません。

「怖いこと」といえば、せいぜい、「ときどき〝音〟が聞こえたりする」という程度です。例えば、「『コンコンッ』とノックする音がしたので、『秘書が来たのかな？』と思ったら、誰《だれ》もいなかった」といったこ

●**スピリチュアル・エキスパート**　幸福の科学で、霊を降ろして霊言をすることが可能な者。いわゆるチャネラーのこと。

とはよく起きます。ただ、私の生活においては、このくらいが怖いほうなのです。ホラー映画のように、すごい格好をしているものや、化《ば》けたりするもの、血みどろのものがたくさん出てくることはまずないので、やはり、ちょっとズレは感じています。

つまり、こうしたことについて知らない人がホラー映画づくりに携《たずさ》わっていて、そうした人は、「もっと過激にしたほうが、より面白《おもしろ》いだろう」などと考えているのでしょう。

ホラー映画、日本とアメリカの違《ちが》い

大川隆法　ちなみに、先日、千葉の幕張《まくはり》メッセで行われたニコニコ動画のイベント（ニコニコ超《ちょう》会議2018）に出演した女優の千眼美子《せんげんよしこ》さんが、そのなかで出た「（映画「さらば青春、されど青春。」は）『呪怨《じゅおん》』より怖い」というコメントに対して、「『呪怨』より怖いって、何てことですか！」「そんな怖くないですよ！」といったことを言っていました。

それを観て、私は、「何？『呪怨』と比べられるのか」と思い、再度、映画「呪怨」を少し観直してみたのです。

なお、「呪怨」には伽椰子《かやこ》という女性の幽霊《ゆうれい》が出てきます。「ギギギギ……」と言いながら、四つん這《ば》いで階段を這ったりするのですが、あの変な音は清水崇監督《しみずたかしかんとく》本人の声を使っているそうです。また、体を真っ白に塗《ぬ》った俊雄《としお》君という少年の幽霊《ゆうれい》も出てきたりして、やたらと人が死んだり、殺されたりするのですが、映画としては面白いのだろうと思いつつも、やはり、「ありえない」と感じました。

清水監督は、「日米合作の映画では、アメリカ側の人からは、『幽霊が

●**映画「さらば青春、されど青春。」** 2018年5月公開の映画。製作総指揮・大川隆法。

●**日米合作の映画** 「THE《ザ》 JUON《ジュオン》／呪怨」（2004年公開のアメリカ映画。日本映画「呪怨」のアメリカ・リメイク作品）

たくさん出てくるのがいいんだ』というリクエストがあったので、たくさん出さなければいけなかった」というように言っていました。

さらに、アメリカのホラーをつくっている人からすると、「日本のホラーは幽霊が出てきて怖いだけですが、こんなのでいいんですか。アメリカでは、まずエロチックなのを出して、この世的にフワッと持ち上げたあと、怖いのをバーッと出してストンと落とすのが普通《ふつう》なんです。そういうエロチックなシーンはまったくなしで、いきなり幽霊が出てくるなんて、こんなのでいいんですか」というように感じるそうです。

こうしてみると、同じホラーでもやや違《ちが》いがあって、「物理的な力」を使って破壊《はかい》したりするのが多いのは、アメリカの特徴《とくちょう》かと思います。日本の幽霊のほうは念力《ねんりき》が弱いのかもしれないですね。日本のホラーの場合、あまり物理現象が起きず、物を飛び交《か》わせたり、壊《こわ》したり、人を締《し》め上げて宙に吊《つ》るして殺したりといったことは、あまり聞きもしないし、実際、観ないでしょう。アメリカのものより念力が弱いのかもしれませんが、それでも、姿を見せたり、声を聞かせたりすることはあると思います。

確かに、映画系統で「あの世を知る」というと、ホラーぐらいしかないのかもしれません。ただ、あまり真理を表しているとは思えないので、何か〝新境地〟を拓《ひら》かなければいけないところですが、非常に難しいなと思っています。

私は、幸福の科学の映画について、「非常にノーマルだ」と考えています。しかし、当会の映画のCMなどを打とうとすると、特定の宗教の宣伝になるからということなのか、テレビ局のほうは、高い値段をふっかけてきた上で、結局、断ってきたりもするのです。その一方で、いわゆるフィクション丸出しの、おどろおどろしい作品の広告やCMなどを引き受けているのを見ると、「価値観的に何かおかしいのではないか」という気はしています。

もとより、「日本国憲法」で、「表現の自由」も「思想・信条の自由」も「信教の自由」も認められていますし、「事前の検閲《けんえつ》」などは禁止されています。

ですから、テレビ局のほうが、内容についてあれこれ言いすぎるのも問題はあると思うのですが、そういうことを言う傾向《けいこう》はあります。例えば、「地獄《じごく》もの」は、けっこう派手に広告したり、大きくやったりもしているのですが、反対に、「天国もの」になると、宗教っぽくなるので、かえって嫌《きら》うようなところはあります。「破壊しまくるような地獄的なものは、フィクション性が強いからいい」という感じでしょうか。このへんについては、少し考え方を変えてもらう必要はあると思うのです。

「二種類の演技」をこなせる秘密を探《さぐ》りたい

大川隆法　さて、今日、テーマにしている吉高由里子さんについては、かなり前から引っ掛《か》かっていたというか、気にしていて、「（霊言を）やるか、やるまいか」と、ずいぶん迷っていた方ではあります。

どうやら、彼女には「霊感」があるらしく、小さいころから、子供の幽霊などが視えていたそうです。また、彼女は「生霊《いきりょう》」という言葉も使っているので、そうしたものも感じるタイプのようですね。そのため、このあたりについて、何か考えを持っているのではないかと思います。

また、吉高さんの演技を観ると、二種類あります。一つは、青春もの

●**生霊**　一般には、生きている人間の霊魂《れいこん》が肉体を抜け出してさまよい、障《さわ》りなどを起こす存在と考えられている。幸福の科学の霊査《れいさ》では、本人自身の強い念《おも》い（表面意識部分）と、本人の守護霊（潜在意識部分）とが合体したものとされる。

のような、わりあいさっぱりした、スカッとした感じの演技なので、これは霊的には困らないだろうと思います。

もう一つは、例えば、「蛇《へび》にピアス」(二〇〇八年公開／ギャガ)や、最近のもので言えば、第四十一回日本アカデミー賞優秀《ゆうしゅう》主演女優賞も取った「ユリゴコロ」(二〇一七年公開／東映、日活《にっかつ》)などでの演技です。

吉高さんは、おそらく、「乗り移り型」の女優だと思うので、「どんどん殺人をしてしまう」といったような役をやっている間は、体調が悪くなるのではないかなと思ったりもするのですが、このあたりはどのように考えているのでしょうか。おそらく、隠《かく》している部分もあるとは思いますが、「浄霊《じょうれい》の仕方」というか、「同通しない方法」を何か心得《こころえ》ていらっしゃるのかもしれません。

幸福の科学の役者のなかにも、霊的な感覚を持っている人はいて、悪い内容のものを演《や》ると、乗り移ってこられたり、同通してこられたりするので、宗教的にやや困る面もあります。そこで、「このあたりの考え方を、もう少し究《きわ》めてみたいな」という気持ちもあることはあるのです。

以前、吉高さんは、「幽霊について、どう感じますか?」といったことを訊《き》かれて、「すぐ近くにいるものじゃないんですか」というように答えていた方なので、感じているのでしょう。

なお、今朝、ご本人の守護霊に「どうですか?」と訊いたところ、「幸福の科学のは難しそうだから、もうちょっと下のレベルで、『死んだらどうなるのか』とか、『霊界入門』とかぐらいの話ならできるかなあ」と言っていたので、今日はそうした題でやろうとしていました。

しかし、直前になって、「やっぱり、宗教団体で『霊界入門』の話をするなんて、まずかったかなあ」と後悔《こうかい》していたのです。それを聞いた紫央《しお》総裁補佐《ほさ》が、「まあ、私と一緒《いっしょ》ね」「自分から言っておいて、『やっぱり、やめておいたほうがよかったかな』と後悔することがあるのね」と言っていました。

ともかく、「あまり難しいことは訊かないでください」と言っています。「具体的で身近な質問がよくて、例えば、普通の人が、霊感のある女優に素朴《そぼく》に訊いてみたいことの延長ぐらいのところで止《と》めていただきたい」「高いレベルで思想的な深みを求められると、ちょっと嫌《いや》かな」とのことでした。

そのため、吉高さんの守護霊から、当会でおなじみの五十代のベテランたちを質問者に立てるのは「勘弁《かんべん》してほしい」と言われています。「私では、お相手が難しいので、できたら独身の若い男性がいい」と言っていました。なぜか独身ではない人（竹内）が来ていますが、まだ

「おじさん」には入らないあたりの方なので、我慢《がまん》していただきたいと思います。

また、「女優をやっている方も来てくれたほうがいいのかな」とも言っていたので、お忙《いそが》しいとは思いますが、長谷川奈央《はせがわなお》さんにも来ていただきました。彼女は、映画「さらば青春、されど青春。」のなかで、大事な役回りの演技をされています。●二日ほど前に録《と》った霊言によると、その役のモデルになった方も霊的には非常に使命のある方であったらしく、千眼さんが演じた女性と共に、この映画の「もう一人のヒロイン」と言えるでしょう。

そうしたこともあって、ニュースター・プロダクションのほうとしては、女優の長谷川奈央さんをもっと売り出したいところだろうと思います。「今回の霊言をきっかけに、三百万人の吉高さんファンのうちの一

●二日ほど前に…… 2018年5月5日収録「聖クララの霊言『人として正しく生きる』」参照。

部でいいから、十万人ぐらいでも分けてくれないかな」などと思ったりしているかもしれません。確かに、好きな女優を一人に絞《しぼ》らなければいけないこともないはずです。両方好きであっても構わないでしょう。そうしたことを考えたりもしました。

幾《いく》つもの賞を取り、演技に定評のある吉高由里子

大川隆法　吉高由里子さんはたくさんの作品に出ていますが、私にとって印象深かったのは「僕等《ぼくら》がいた 前篇《ぜんぺん》・後篇」という映画です。これは、北海道の高校で出会い、その後、東京に出た男女のすれ違いの物語なのですが、このあたりが印

映画「僕等がいた 前篇／後篇」(2012年公開／東宝、アスミック・エース)

象としてはいちばん深かったと思います。

このときの吉高さんのイメージとして、印象に残っているシーンがあるのです。モコモコのセーターを着て、雪だるまみたいになっている吉高さん演じる彼女が、東京へ行く彼（生田斗真《いくたとうま》）を乗せた列車を走って追いかけながらさよならをするシーンを観て、私も涙《なみだ》ぐんでしまいました。北海道の駅も、私の郷里の阿波川島《あわかわしま》駅（徳島県）も同じに見えてしまって、「田舎《いなか》から来た者にとっての郷愁《きょうしゅう》」のようなものを感じたのです。

また、吉高さんのあの走り方も何とも言えないものでした。太っているわけではないはずなのに、なぜかモコモコしたのが非常に似合う感じの方で、何とも言えないところがありますね。こういう作品での演技は、どちらかといえば好きなほうです。

一方、第四十一回日本アカデミー賞優秀主演女優賞を取った「ユリゴコロ」での演技は、「僕等がいた」とは別な面での演技力を認められたのでしょうけれども、さすがに怖いなと感じました。ただ、演技として見ていると、「吉高さんは、これを演《や》っても染まらずに、また元に戻《もど》れるのかな」とも思ったのです。役にはまってしまって戻れなくなるタイプの方もいると思いますが、彼女は戻ってくるタイプの人なのでしょう。

例えば、「蛇にピアス」などは、あまりみなさんにお勧《すす》めできるような映画ではありません。吉高さんはこの映画での演技で賞をもらってはいますが、作品としては、やや猟奇趣味《りょうきしゅみ》的なというか、変態趣味的なものかと思います。彫《ほ》り物師とかがいろいろと出てきたりして、渋谷《しぶや》の裏社会のような感じの演技だったので、私としては強く推奨《すいしょう》するという感じのものではありません。

ところが、映画「さらば青春、されど青春。」で主役をやっているH

●**賞をもらって……** 第32回日本アカデミー賞新人俳優賞を受賞。

氏は、「いやあ、吉高さんのヌードのところ、よかったですね。繰《く》り返し繰り返し、リピートして観ました」と言っていました（苦笑）。吉高さんの守護霊もそれを知っていて、「Hさんは、インタビュアーで出てこないんですか」「私のヌードが好きだというんだったら、ぜひお話を」などと言っていたのですが、周りから、「そういう話は困ります」ということでNGが出ました。ただ、個人的には、そうした〝脱《だっ》線《せん》〟も好きな方なのかもしれませんね。

ほかにもいろいろとよい作品はあるでしょうし、賞もたくさんもらっているので、演技力には定評のある方だと思います。

また、彼女はNHKテレビの連続ドラマ「花子《はなこ》とアン」（二〇一四年三月～九月放送）でも有名になったかと思います。半年ほどやっていて、視聴率《しちょうりつ》もかなり高かったそうです。ほかにも、「三人で集まって愚痴《ぐち》っている三十歳《さい》の女性」をテーマにしたドラマ「東京タラレバ娘《むすめ》」（二〇一七年一月～三月、日本テレビ系列で放送）にも出ていました。私も観てしまいましたが、それなりにニーズはあるのでしょう。

さらに、今年の四月からは、「正義のセ」（二〇一八年四月～六月、日本テレビ系列で放送）というドラマで検事役を演じていました。私のほうは、「吉高さんの検事ではまずいのではないかな」と心配しましたが、制作側のほうも、「そんなに難しいことをやってもらうつもりはありません。素《す》のままでやってもらいますので」という感じだったようで、「豆腐屋《とうふ》の娘が検事になってやっている」という、やや下町《したまち》人情派風の、素のままでもやれるような役回りだったのです。

この少し前に、松潤《まつじゅん》（松本潤《まつもと》）が弁護士役で出ていた「99・9―刑《けい》事《じ》専門弁護士―SEASON《シーズン》Ⅱ」（二〇一八年一月～三月、TBS系列で放送）というドラマがありました。「日本では、刑事事件で検事に起《き》訴《そ》された場合、ほぼ百パーセント有罪になる」と言われていますが、それに立ち向かう弁護士もののドラマを三カ月ほどやっていて、非常に人気が高かったのです。これによって検事のイメージがすごく悪くなったというか、「警察と結託《けったく》して、みんな罪人《つみびと》にする」といった感じになってしまったので、今度は、ほかのテレビ局で人情派の検事を出して、「テレビ業界でバランスを取るようにしているのかな」という気も若干しました。そのへんについては、私もよくは分かりませんが、バランス感覚があって、このドラマをやろうとしているのかなと思いました。

前置きとしては、こんなところでしょうか。

吉高由里子の守護霊を招霊《しょうれい》する

大川隆法　あとは、自由に話をしていただきたいと思います。吉高由里子さんの守護霊も、かなり緊張《きんちょう》してき始めたようなので、あまり難しくしないで、ざっくばらんに話を進めてください。吉高さんのファンや、芸能と宗教にまたがって関心を持っているような方にニーズがあるような話ができればと思っています。

（質問者に）では、お願いしますね。

（合掌《がっしょう》し）それでは、女優・吉高由里子さんの守護霊をお招《まね》きいたしまして、お話を伺いたいと思います。あくまでも、ご本人そのもののご意見ではございませんが、今朝ほど、お聞きしたところによれば、「守護霊と表面意識との同通率は、だいたい八十パーセントぐらいだ」とのことですので、ある程度、本人の意見に近い考えが聞けるのではないかと思います。

女優・吉高由里子さんの守護霊よ。

どうか、幸福の科学 特別説法堂《せっぽうどう》にお出《い》でになって、私たちの質問等にお答えください。お願いします。

（約五秒間の沈黙《ちんもく》）

2 吉高由里子、女優の原動力

霊言《れいげん》にあまり乗り気ではない吉高由里子守護霊

吉高由里子守護霊　ああ……、吉高ですぅ。

竹内　こんにちは。

吉高由里子守護霊　はい。

竹内　どうも初めまして。

吉高由里子守護霊　すみませーん。お邪魔《じゃま》してまーす。

竹内　本日はお越《こ》しいただきまして、ありがとうございます。

吉高由里子守護霊　ええ……。失敗したかなぁ？

竹内　失敗？（笑）

吉高由里子守護霊　出るべきではなかったかな……。

竹内　何を失敗したんですか。

吉高由里子守護霊　私は、大川紫央さんにうまく引っ張り出されちゃって。なんかできそうな気がして受けちゃったんですけど、やっぱり、ここ（幸福の科学）って裁判所みたいなもんですよね？

竹内　いえいえ（笑）。神聖な、とても温かい場所だと思います。

吉高由里子守護霊　いや、〝霊界《れいかい》裁判所〟みたいな。

竹内　（笑）霊界裁判所。

吉高由里子守護霊　「よき霊か、悪《あ》しき霊か」を判定したりするじゃないですか。

竹内　いぇ（苦笑）、いえいえ。ここは、本当にざっくばらんに……。

吉高由里子守護霊　そう？　そうかな？

竹内　今日は、長谷川奈央という若い者も……。

吉高由里子守護霊　私、頭悪いんで、あんまり厳しいのはやめて。突《つ》っ込《こ》み？　厳しい突っ込みは勘弁《かんべん》。

竹内　大丈夫《だいじょうぶ》です。厳しい突っ込みはまったくしませんので。

吉高由里子守護霊　うん、お願いします。もう本当に、それは駄目《だめ》なんで。本来、純朴《じゅんぼく》なほうで、あんまり嘘《うそ》はつけないから。だから、できたら、嘘をつかなきゃいけないところに追い込まないようにお願いしたいなと思ってます。

竹内　分かりました。では、今日は、よろしくお願いします。

吉高由里子守護霊　はい。よろしくお願いします。

好きなタイプの女優・俳優は？

竹内　今、ちょうど、ドラマ「正義のセ」が放送されているので（収録当時）、まずは、このあたりから、少しお話をお伺《うかが》いしたいと思っています。

吉高由里子守護霊　うーん……。

竹内　今、ドラマを観《み》させていただいていましても……。

吉高由里子守護霊　ううーん……。

竹内　あっ、何かご不満がありますか。

吉高由里子守護霊　いやあー、もう、あなた……。やっぱり、もうちょっと若い人がよかったなあ、私（笑）。独身がよかったなと思って。

竹内　（笑）

吉高由里子守護霊　（聴衆席《ちょうしゅうせき》を指して）独身男性はほかにもいるのに。（竹内に）いやあ、やっぱり、難しいことを言う年齢《ねんれい》じゃないんですか。

竹内　そうですか（苦笑）。

吉高由里子守護霊　で、ちょっと今、プロ意識を持ってらっしゃる、ね？

竹内　いぇいぇ、持っていません（苦笑）。

吉高由里子守護霊　分かる、分かる、分かる。いやあ、だから、〝値段〟を見ようとしてるんでしょう？　女優としての。

竹内　いぇいぇ、絶対にしていないです。

吉高由里子守護霊　いや、いやいやいや、そういうの駄目なんですよ。

竹内　分かりました。

吉高由里子守護霊　そういう心を横に置いておいて、普通《ふつう》の人のように関心を持って訊《き》いてくださると。

竹内　はい。「正義のセ」、いいですよ。

竹内　では、もっと簡単な質問から行きます。

吉高由里子守護霊　はい、はい。

竹内　吉高さんの好きなタイプというのは、どんなタイプなんですか？　憧《あこが》れる人や、「いいな」と思う人というのは……。

吉高由里子守護霊　それは、男性？　女性？　それ以外？

竹内　どちらでも構いません。異性でも結構ですし、女性として尊敬する人でもいいのですけれども。

吉高由里子守護霊　うーん。

竹内　「自分もこうなりたいな」と思うような人とか、「こういう男性は素敵《すてき》だな」と思うような人はいらっしゃいますか。

吉高由里子守護霊　まあ、女性であれば、ね？「八日目《ようかめ》の蟬《せみ》」（二〇一一年公開の映画／松竹）に出た、永作《ながさく》（博美《ひろみ》）さんみたいな演技派の女優とかはいいなと。なかなか難しい演技をなされますよね。「できたらいいな」と思うけど、なかなかそうはいかないですね。

男のほうは、と言うと……、ちょっと今、いろんな人にいい顔しなきゃいけなくて（苦笑）、うーん……、難しいんですけど。

芸能界は、本当のことがあんまりしゃべれない世界ではあるんだけど、できたら、嘘をつかないタイプの人。まあ、嘘をつくのが仕事みたいなところはあるんだけどね。仕事上ね、嘘をつかなきゃいけない。

要するに、「誠実に台本を覚えてやっている」というタイプの方もいると思うけど、「役者になり切ろう」と思えば思うほど、人を騙《だま》すと言えば騙すようにも見えるところなので、いろんな役をやっているうちに、業界に染まると、「自分は誠実だ」と思っていても誠実じゃないタイプの人がたくさんできてくるんですよね。「人を騙している」という気持ちがなくても、自然に騙せるような性格の方がたくさん出てくるので。

だから、長くやっておられても染まり切らない感じの、「この人は信頼《しんらい》できる誠実な方だなあ」というような人のほうが、私は好きなんです。

そういう意味では、芸能界では、みんな、「表の顔」と「裏の顔」にずいぶん差があるので、そのへんを濾《こ》して残れるようなタイプの方ですね。具体的な名前を出すと、私、少し問題が出る感じがあるので、ちょっと言いにくいですけども。


役によって、「ハイになるとき」と「落ち込《こ》むとき」がある

竹内　今、永作さんのお名前が出ましたけれども、吉高さんが演技をされるときに、いつも気をつけていらっしゃることとは何でしょうか。ど

ういう点に注意を向けていらっしゃるのですか。

吉高由里子守護霊　うーん……、いつもね、「ハイになるとき」と「落ち込《こ》むとき」と、両方あるんですけど。「この役でいけるな」と思うときもあれば、「ああ、自分には全然向かなかった」「外れたかなあ」と思って落ち込むときとかもある。

だから、連ドラなんかでね、「花子《はなこ》とアン」みたいなのを最初に頂いたときには、「うわ、私じゃ、これは無理だな」って思って。英語がよくできる女性なんでしょう？　『赤毛のアン』が訳せたりするような、そんな昔のハイカラインテリ女性みたいなのは、「私じゃ無理じゃないかなあ」って思ったけど、やってみたら、「まあ、そこそこ楽しかったかな」と思ってやれた。だけど、終わってみたら、そのあと、事実上、二年ぐらい活動を停止してしまった感じで。

なんか抜《ぬ》けちゃって。何もしたくない気分になって、「これで辞《や》めてもいいかなあ」なんていう感じに、ちょっとなったりもして。「女優、辞めちゃっても、もういいかなあ」っていう。「もう、できるものはないんじゃないかなあ」みたいな感じになることもあって。

今も、検事役のでやってるけれども、中身ないじゃない？　はっきり言って。

竹内　（笑）

吉高由里子守護霊　ある程度の視聴率は取れるかもしれないけど、終わったあとの虚《むな》しさみたいなの？「検事だと思って大勢の人を騙して、そして、視聴率を取って、お金儲《かねもう》けしてるんかなあ」っていうような後悔《こうかい》が浮《う》かんでくると、あとは鬱《うつ》に入って、次の仕事に入りにくいものがあるので。

正直言って、本当は、励《はげ》ましてくれる方がいないと、自分でもいいんだか悪いんだかが分からなくなるんです。

（竹内に）あなた様なんか、ほかの方にどう接しておられるんですか？

竹内　タレントに対してですか。

吉高由里子守護霊　うん、うん。やっぱり、ちゃんとほめたり、「ここは直したほうがいい」とか、フェアにやられるんですか。

竹内　そうですね、はい。こういうのは、両方ないとなかなか難しいとは思います。

やはり、芸能界の方も、表ではすごく頑張《がんば》っていて華《はな》やかに見えるのですが、裏に行くと、けっこういろいろな生活があり、「人前に出てお金を頂く」というのは、すごくプレッシャーのある重い仕事なのだということは聞いています。また、いろいろな方が、精神的なところで多少フォローしてもらったり、宗教などに救いを求めたりしているという話をお聞きしたこともあります。

先ほど、吉高さんの守護霊様も、「ハイになったり、いろいろあったりする」とおっしゃっていましたが、そうしたときに、どのようにして自分の気持ちに戻《もど》ってくるのでしょうか。

吉高由里子守護霊　まあ、ハイボールを一杯飲んで（会場笑）。

竹内　（笑）

吉高由里子守護霊　それで一晩寝《ね》て、何とか取り戻せると、いちばんよろしいんですけど。まあ、それではは間に合わないこともあることはありますよね。だから、どっちかというと、本当は、自分自身はそんなにアクティブっていうか、そんなに積極的で行動的なほうではないんで。受け身というか、受動態っていうか、パッシブっていうかな、そういう感じなんで。

だから、本当によかったのかどうかが、よく分からないことが多くて。誰《だれ》かに言っていただかないと、分からない。「人気がある」と言われて、「うーん、そうなのかな？」と思っても、「でも、なんでかな？」っていうと分からなくなるような感じで。うーん……。

（長谷川に）ねえ？　つらいですね、女優ってね。なんか、嘘をつけば、人気でも出るか、うまいとか言われるかなというような……。

うーん、私は私なんですけどね。

「しょせん、私は私。背伸《せの》びした役は厳しい」

長谷川　吉高さんのお芝居《しばい》を観ていると、とても自然体で演技をされているなという印象が強くあって、テレビを観ていても、「すごく素敵だな」と思います。

先ほど、「嘘があまり好きではなくて、誠実な方がいい」というようにおっしゃっていましたが、そういうなかで、なぜ、女優というお仕事を選んで、今、頑張っていらっしゃるのでしょうか。その原動力をお教えいただけたらなと思います。

吉高由里子守護霊　いやあ、うーん……。それはスカウトされたので。例によってスカウトされて入ってしまって、自分に才能があるかどうかなんかも、さっぱり分からなくて。まあ、賞を頂いたりしているうちに、「ちょっとはできるのかなあ」と思ったりもするんだけど、中身はほとんどないので、芸を続けていくのに本当にすごく苦労して。

みんな、「役づくり」をするじゃないですか。役づくりでは、外側だけじゃなくて、中身もある程度要《い》るじゃないですか。その中身をつくらないことが多くって、一言《ひとこと》、「吉高由里子のままでいいんだ」っていう言質《げんち》を取らないとできないっていうか、やっぱり、「潰《つぶ》れても知りませんよ」みたいなところはあって。

いまだにプロっていう気持ちがないんですよね。半分ぐらい。セミプロ。そんで、「いつでも辞めちゃいそう」っていうような気持ちがいつもある。「アル中になっちゃって、もう辞めちゃおうかな」って思ったりする……。たまにあります。

ああー、分からないですねえ。だから、できるだけありのまま……。演技じゃなくて、できたら、「自分がその人なら、こうなるな」と思うのをやりたいなと思ってはいるんですけど。

でも、人殺しの役とか……、まあ、実際、私は人殺しはしないとは思うけど、そういう、やりそうにない役を演《や》ったら賞がもらえたりもするんで、この世界も難しい世界だなあと思って。やれないようなことを演ると、認めてくれるようなことがあって。うーん、このへんが、どうなんですかね。

まあ、役者としては、どんな役でも演らなきゃいけないんだろうなと思うけど。しょせん、私は私なので。「吉高由里子の演技はこんなものだろう」と思われる範囲《はんい》内で作品をつくっていただくか、そういう役を探していただければ、その役はできるけど、あんまり背伸《せの》びした役は厳しいかなあ。

だから、検事（の役）を演っても、私が検事みたいになるんじゃなくて、「検事が私のところに下りてくる」っていう感じかな。きっと、周りが「今、司法試験改革で、こんなに検事のレベルが落ちてるのかな？」という感じで見てるだろうなと思うぐらいの検事ですよね、はっきり言ってね。

事務官のほうがずっと偉《えら》いっていうか、賢《かしこ》いっていうか、知ってて、「こうしてください」「ああしてください」って言われて、「あっ、はい、はい」ってやっていて、それで通るみたいな感じなんで。「これだったら吉高でいける」っていうことでしょう？　だけど、「(検事の仕事が）できそうに演る、演じる」となったら、それは無理だっていう。

まあ、終わりのほうになったら、ちょっとは変わるかもしれませんけどね。ちょっとは、いいところを見せないといけないんですけどね。松潤《まつじゅん》さんなんかねえ、法律なんか知らないだろうに、よく弁護士のふりができる。ねえ？　すごいですね。私、あんなに騙すのうまくないんですよ。彼はうまいね。だから、できない。うーん。

「私が私でなくなるなら、そのときは役者も終わり」

大川紫央　お話をお聴《き》きしていると、等身大のご自分を見失われていない感じがします。

吉高由里子守護霊　ええ。うん。そうなんです。そうなんです。

大川紫央　でも、そこがまた、人気の秘訣《ひけつ》なのかなと思いました。

吉高由里子守護霊　うーん。

大川紫央　私は、映画「ユリゴコロ」も観させていただきまして……。

吉高由里子守護霊　ああー。悪い映画でしょう？　本当は。

大川紫央　（笑）最初は、少し怖《こわ》いシーンも多かったのですが、最後、ダムの上で、松山《まつやま》ケンイチさん演じる役の方と泣きながらお別れをするシーンの吉高さんを見ていて、殺人者の役を、ご自身のなかで浄化《じょうか》していっているような感じがしました。それは、総裁先生もおっしゃっていたんです。

その演技を観ていて、「ご自分のなかで、浄化作用を持っておられるのかな」というように思ったのですけれども、そういったところは、実際はどうなのでしょうか。

吉高由里子守護霊　うーん、あることはありますね。
監督《かんとく》の指導とか周りの方の指導で、「こうしろ、ああしろ」と言われて演じるんだけど、自分のなかに、「完全には染まり切らないぞ」と思っているところは、やっぱり、あることはあって。「私は私なんだ」と言い続けて、叫《さけ》び続けている自分があって、「私が私でなくなるんだったら、そのときは役者も終わりだ」と思っているところはあります。「私は私」で通じないなら、終わりかなあと思う。

ときどき気まぐれで、変わった役をやってもいいかなと。「大胆《だいたん》だ」と言われることもあるんですけどね。思い切ったことを、ときどきやる。でも、あとで後悔することも多くって。ときどき、思い切って大胆になるんだけど、あとで、やっぱり、「こんなのは本当の私じゃない」と思って後悔することもあって。

うーん、本当は役者には向いてないんじゃないかなあ。向いてないけど、周りが、向いてるように見せるように頑張ってくれてる感じですかねえ。

（大川紫央に）私が（役者を）できてるなら、あなたもできますよ。

大川紫央　いえ、私はちょっと無理なんですけれども（苦笑）。

吉高由里子守護霊　できますよ。

3「一回死んだ命。何も怖《こわ》くはない」

"ライトセーバー"が体のなかに通っている感じ

大川紫央　いろいろとお話をお伺《うかが》いしていると、吉高さんにとっては、幽霊《ゆうれい》などもすごく身近な存在なのかなというように思うのですけれども。

吉高由里子守護霊　ええ、そうですよ。幽霊と一緒《いっしょ》に酒を飲んでるんで（会場笑）。

大川紫央　（笑）霊感をお持ちだと、役によって自分に近寄ってくる霊なども、おそらく変わってくると思います。また、自分が弱ければ、来た霊に負けてしまうことも多いと思うのですけれども、吉高さんは、自分を見失わないために、どのように調整されているのでしょうか。

吉高由里子守護霊　うーん、いや、（幽霊などは）ウヨウヨいると思ってますよ、いつも。いつも、ウヨウヨいますね。

いろいろと共演したり、いろんな仲間とやったりしていても、やっぱり、ビビーンと来るのが、〝重い感じ〟で来る人と、〝温かい感じ〟で来る人とがいて、人によって違《ちが》いがあるし。スタッフさんのなかでも、多少、そのへんの温度差？「ああ、この人はちょっと苦手《にがて》かも」とか、「この人だったらいけそうかな」とか、そんな感じのがある。

まあ、このへんは、二宮和也《にのみやかずなり》さんなんかが「GANTZ《ガンツ》」（二〇一一年公開の映画／東宝）に出られたときに、スタッフさん全員の名前を覚えて親しくやっていたら、みんなと仲良くなれていったところとかを見て、「ああ、やっぱり、そういう努力をしなくちゃいけないんだ。なるべく相手を理解して、分かって、チームになれるようにしなきゃいけないな」と思って、表面意識は努力はしてます。

でも、潜在意識《せんざいいしき》としての守護霊は、やっぱり、ビビッと来ることは来るので、この好き嫌《きら》いを、あんまりはっきり出さないようにしなきゃいけないっていうのは、いつも苦労してるところです。

特に、「悪霊憑依《あくれいひょうい》もの」で、芝居《しばい》の内容によっては……、例えば、「亡《な》くなった（実在する）人の役」とかを演《や》って、もし、その方がいいところに行ってない場合なんかだったら、演れば演るほど〝入ってくる〟感じがあるし。

あとは、共演者や一緒にやってる人のなかに、ちょっと悪いことを考えていらっしゃるような方とか、そういう（悪霊の）影響《えいきょう》を受けておられる方がいたりすると、体がすごーく重くなって、「調子が悪いなあ」と思う。まあ、そういうときは、マネージャーに愚痴《ぐち》を言ったりしますけどね。

だから、「悪霊がかかってくるかな」と思うような感じのときは、先ほど言ったように、自分の心のなかに何か……、どんな感じかなあ？　うーん、「スター・ウォーズ」で言うと、ライトセーバーみたいな、光の剣《けん》みたいなのがあるじゃないですか。ああいうライトセーバーみたいなものが、背骨じゃないけど、体のなかに一本通っているような感じを、ときどき思うようにして。だから、「体の芯《しん》の芯までは侵《おか》されないぞ」みたいな感じですかね。「全部は持っていかれないぞ」っていう。

「どこかで、この吉高由里子をつなぎ止めておかなきゃいけない」っていう感じ。全部を取られちゃ……、「入れ替《か》えをやってたら駄目《だめ》だ。憑依型といっても入れ替えは駄目だ」って、必死で踏《ふ》みとどまってるところはあります。

まあ、そこが、自分としてのわがままなんだろうけど。周りからは、私が「吉高由里子は吉高由里子でいいじゃない」みたいな感じで割り切って、〝突《つ》っ張ってる〟ように見えるのかもしれない。

だから、変幻自在《へんげんじざい》のカメレオン型女優みたいかといえば、そうではないとは思っています。あくまでも私は私なんだけど、やれる範囲《はんい》でやるか、あるいは、明らかに自分ではないというか、フィクションって分かるような役なら、それはそれなりに、その役柄《やくがら》を演じるということに徹《てっ》するように努力はしていますけど。

うーん、でも、やっぱり、自分を見失わないようにしないと危ないと思いますね、何事も。それを失ったら、女優は辞《や》めたほうがいいんじゃないでしようかね。自分が自分でなくなるんだったら、そこまで行くんだったら、辞めてもいいかなって。

だから、人殺しの役もしますし、たまにほかの人も演ってますけど、それで、いつでも、元の清純派でも演れるように振《ふ》り子が戻《もど》るならいいんです。だけど、戻れなくなってしまうんなら、私は、そこが、いちおう自分の終着点だというふうに思っています。

「私の友達程度の方が霊《れい》指導をしてくださっている」

竹内　千眼美子《せんげんよしこ》が、映画「さらば青春、されど青春。」で、額田美子《ぬかたよしこ》という役を演じたのですけれども。

吉高由里子守護霊　（『「さらば青春、されど青春。」オフィシャル・メイキングブック』〔製作プロジェクト編　幸福の科学出版刊〕を手に取り）これですね？

竹内　はい。その撮影《さつえい》の際、私も現場にいたのですが、ずっとブツブツ言っていまして。

吉高由里子守護霊　ブツブツ（笑）。

竹内　何を言っているのかなと思ったら、「額田女王《ぬかたのおおきみ》様、ご指導お願いします、お願いします」と、ずっと祈《いの》っていたのです。そのときに、「この役は、とてもではないけれども、自分一人の力では無理です。額田女王様を宿さないとできないですよね」という話をしていたのですが。

吉高由里子守護霊　いやあ、それはすごいですね。

竹内　先ほども、「役を演じるときには、いろいろなものがかかってくる」というお話がありましたが、吉高さんの場合は、悪い霊《れい》もよい霊も含《ふく》めて、意図的に自分のなかに入れて演技をしているのでしょうか。

それとも、役を演じようと思ったら、自然とそういう霊が寄ってくるのでしょうか。霊がかかってきて演技をするときというのは、意図的にやるものなのか、自然となっていくものなのか、どのような感じを持たれているのでしょうか。

吉高由里子守護霊　その前に、霊界《れいかい》のそんな偉《えら》い方の役が回ってくるっていうことは、そんなに数多くはないので。

千眼さんは、額田女王をお呼びになったとおっしゃるんですか。うーん、いいなあ。

竹内　幸福の科学の映画ではあったので……。

吉高由里子守護霊　いいなあ。そんな方なら、乗り移っていただきたいですね。だけど、そんないい役は、そんなにはないので（笑）。まあ、そうですか。

多少は手伝ってくださってる感じはあるんですけど。私の出てるもので、確かに、「篤姫《あつひめ》」だとか、多少、偉そうな方もいることはいるんですけどね。まあ、いるけど。

うーん……、やっぱり、「私は、私以上の人は呼べないのかな」って、基本的には思っているので。私以上の人は来ないから、千眼さんみたいな感じで、すごく偉い神様がたを呼ぶっていうのは、私にはちょっと無理かなとは思ってるんですけど。

私の友達程度の方が、多少、指導してくださってるぐらいかな。ときどき、あまりにも霊的にきついような場合は、少し助けに来てくださるような感じ？　セコムみたいな感じで、少し来てくださる方はいるようには思いますけどね。

死にかけたあと、生き方が変わった

竹内　ちなみに、映画「蛇《へび》にピアス」や「ユリゴコロ」のときは、悪いものがかかってきていたのではないかと思うのですが、それは、自分から開放して、悪い霊をかけさせて演技をしていたのでしょうか。それとも、自然とかかってきてしまうところを、先ほどもおっしゃっていたとおり、自分の芯を失わないようにしていたのでしょうか。

吉高由里子守護霊　何て言うか、「蛇にピアス」は、たぶん、あなた様がたの宗教のほうから見れば、あんまり信者のみなさまに観《み》せたいような映画ではなかろうとは思うんですけど。

でも、直前に大きな事故に遭《あ》って、一回死にかけたので。そういうこともあったので、妙《みょう》な意味で悟《さと》りを開いたみたいなところがあって（笑）。

人間、いつ死ぬか分からないので、「芸もいつまで演るか分からない」と思って、「一個演って、それで撮《と》り終えて死んでもいいかな」っていう気持

●**大きな事故**　2007年、吉高由里子は、映画「蛇にピアス」の主演が決定したが、撮影直前、交通事故で全治6カ月の大怪我をして入院。当初は集中治療室に入るほど深刻な状態だったものの、奇跡的な回復を見せ、1カ月半で退院している。

ちで演らなきゃいけないんだなという。難しい言葉で言えば、「一期一会《いちごいちえ》」なんでしょうけども、一回一回、「この仕事で自分が死んでもいいのかな」という気持ちを持ちました。一度死にかけた事故を経験した結果ですね。芸能界に入って比較《ひかく》的早いうちに、その経験を一回したので、ちょっと大胆《だいたん》になれたところもあるんですけど。

もう一方で、やっぱり、この「生と死」について、いつもずっと考え続ける習慣みたいなものは持つようになって。ときどきボーッとしてるときには、(地上の)本人自身も、この世的に自分を見てるんじゃなくて、気がつけば、「違う視点で、この世に生きている自分を見下ろしている感じで見ている」っていうようなことも、よくあるのかなというふうに思っています。

だから、たぶん、宗教なんかに入ったら、きっと、霊現象ができるようになるタイプの人間なんだろうと思います。おそらくね。

大川紫央　その事故というのは、吉高さんの人生にとって大きな転機になったと思うのですけれども、何か神仕組《かみしく》みのようなものでもあったのでしょうか。

吉高由里子守護霊　幸い助かって、後遺症《こういしょう》がそんなに残らないところまで回復できたので、「これは、ある種の神様のお働きかな」という感じを、私は受けました。助けていただいたので。もう、顔がグシャグシャになるとかね、体がものすごく壊《こわ》れて使えなくなるみたいなことだってありえたのに、何とか回復することができたので。

いったん、それを経験すると、何か、神風特攻隊《かみかぜとっこうたい》で行って、生き残って帰ってきたみたいな気持ちになることはあって。「ああ、もう、一回死んだ命だ」と思うと、ある意味で何も怖《こわ》くないみたいなところもあるんです。

まあ、あれ（映画「蛇にピアス」）では、ちょっと、彫《ほ》り物師に彫ってもらったりする変なところがあるような映画なんですけれども。ヌード披露《ひろう》みたいな感じになったところもあるんだけど、「いつ死ぬか分からないんだったら、体が美しいときに撮っておきたいな」という気持ちもあったので。そういう意味で、自分としては、どっちかといったら、鉢巻《はちま》きをして特攻隊でもやってるような気分で出たつもりではあるんですよね。

で、たぶん、総裁も言っておられたけど、ああいう映画に出たあと、「清純派に振り子が戻った」っていうところが、何て言うか、自分自身もそういう気持ちがあったのもあるし、やっぱり、世間《せけん》の見る目っていうのは、「どういうふうにしたほうが、この人は活《い》きるのかな」っていうことを、よく見てくださってるのかなっていうことですかね。

「自分にも使命があるのでは」という気持ち

大川紫央　もう一つお伺いしたいのですけれども、先ほど、「ライトセーバー」というお話がありました。そのライトセーバーに当たる部分は、やはり、吉高さんの魂《たましい》の光が出ている部分であると思うのです。

吉高由里子守護霊　ああー。

大川紫央　ということは、吉高さんが魂において大切にしているものが、その〝ライトセーバー〟に当たるのかなと思ったのですが、それを言葉で表現するとしたら、どういった気持ちといいますか、精神になりますか。

吉高由里子守護霊　先ほどから言っていますように、幼少時から霊が視《み》える体質ではあるんですよね。で、もっと正直に言うと、「声」が聞こえることもあるんです。

それが、育ってきて、生死の境目を経験したあと、女優としていろんな仕事をいっぱい頂くようになったことから、何だか、「さらば青春、されど青春。」じゃないけれども（笑）、「何か、自分も果たさなきゃいけない使命でもあるんじゃないかなあ」という気持ちは、どっかに持っています。ずっと持っています。

ただ、そういう仕事ばかりが来るわけではないので。事務所の方針とかで、そんなに選べないものもあるんですけど、「何か、自分の命を神様のために使わなきゃいけない局面があるんじゃないかなあ。そのために、女優業という修業《しゅぎょう》があるのかなあ」とか、そんなふうな気持ちは持っています。

まあ、こういうのを言うと、いちばん嫌《いや》がられることではあるけど、おたく様の映画もメジャーになられたら、私なんかを忍《しの》び込《こ》ませて……。どっかに置いておけるような場がありましたら、幽霊役で出るとかでもいいんですけど。またいつか、そういう機会があればと思います。

会社があるので、なかなかスッとはいかないかもしれませんけど、比較的、親和性はあるんじゃないかなと、私は思ってます。

4「役づくり」に大切なこと

普通《ふつう》のドラマや映画では「女神《めがみ》の役」はつくれない

長谷川　今回の映画「さらば青春、されど青春。」も含《ふく》め、これからも、幸福の科学では、実写映画をつくっていくのですが、吉高さんは、当会の映画に関して、どのようなご関心があるのか、また、どのように見ておられるのかをお聞かせ願えますか。

吉高由里子守護霊　いやあ、それは、もう、変なことを言っちゃ失礼に当たるので。まあ、千眼《せんげん》さんとかは、若くて、これからの方ですから。

私なんか、最近は、〝三十路《みそじ》論議〟ばかりがテーマの映画、ドラマになってて。これは、もう、実際上、二束三文《にそくさんもん》で売り飛ばされる寸前で、競《せ》りにかけられているような……。日々、そんな感じを受けておりますので、もう、最後の輝《かがや》きというか、ロウソクの……。

次は、嫌《いや》な中年女性の役とか、そんなのしか回ってこないかもしれないので、ヒロイン役なんか、もうそんなには来ないかもしれないとは思うんですが。若い人はきれいですよね、ほんとねえ。

（映画「さらば青春、されど青春。」のパンフレットを見ながら）テニスをしてるのは、あなたなんですか？

長谷川　はい。

吉高由里子守護霊　まあ、かっこいいですね。

長谷川　あっ、ありがとうございます（笑）。

吉高由里子守護霊　いやあ、私なんか、もうテニスはできないですね。この格好でやったら恥《は》ずかしくて、もう、できないですねえ。

長谷川　（笑）

吉高由里子守護霊　「やめたほうがいいよ、おばさん」って言われたら、一発でクシャンと潰《つぶ》れてしまいますね。いやあ……。

長谷川奈央が演じたヒロイン・南《みなみ》理《り》沙《さ》。映画「さらば青春、されど青春。」（製作総指揮・大川隆法／2018年公開）より。

（同映画の主演の）Hさんだって、いい感じじゃないですか。私のファンですって？　ほんと？　ほんと？　あの人は誰《だれ》でもファンなんじゃない？

竹内　（笑）

大川紫央　いえ、たぶん、吉高さんのことはお好きだと思います（笑）。

吉高由里子守護霊　うーん。でも、あれでしょう？　北川景子《きたがわけいこ》さんのファンでもあると……（会場笑）。

竹内　（笑）

吉高由里子守護霊　なんか、ああいうきつい役の方も好きだって。北川景子さんが好きで、私が好きって、ちょっと、趣味《しゅみ》としては、これおかしい。

大川紫央　（笑）

吉高由里子守護霊　やや〝混線〟してるようにも……。

大川紫央　ええ、幅広《はばひろ》くいける方であると思います（笑）。

吉高由里子守護霊　ああ、幅広くねえ。うーん、まあ、関心を持ってくださるのは……。

千眼美子《よしこ》さんは若くて、かわいくて、きれいで、すごく可能性がある方なんでしょうねえ。

（長谷川を指して）そして、この方も、きっと、もうすぐ花開いて、パーッと出てこられるんでしょう？　きっと、そうなる。ものすごくポテンシャルを感じますよ。

あなたの役も、聖女の役？

長谷川　は、はい。

吉高由里子守護霊　ああ……、素晴《すば》らしいですねえ。だんだんだんだんだん、行くべき方向に引っ張っていかれてるんじゃないですか。

長谷川　はい。そのように感じます。

吉高由里子守護霊　そうですよね。（映画「さらば青春、されど青春。」のパンフレットに載《の》っている長谷川の写真を指して）これ、横顔を見ただけで……、イメージは「修道女」でしょ。

長谷川　あっ、イメージ……。

吉高由里子守護霊　修道女みたいなイメージを自分で持っていらっしゃる感じは、やっぱり、はっきりしますよね。

長谷川　ああ、ありがとうございます。

吉高由里子守護霊　もう、見たら分かりますね。修道女ですよね。たぶん、イメージしていらっしゃる。

長谷川　はい。役づくりのときは意識しておりました。

吉高由里子守護霊　そうですよね。聖女のイメージを持ってますね、はっきりと。

長谷川　ああ、ありがとうございます。

吉高由里子守護霊　出てます。はっきり出てるから。
そういうのを、みんなは細《こま》かく見てますから、だんだんにふさわしい役割が出てくると思いますよ。千眼さんも女神《めがみ》さんの役に……。

いやあ、自分たちで映画をつくらないと、そういう役はつくれないですよね（笑）。普通《ふつう》のドラマや映画ではできない。幸福の科学のほうは、そういうのを自由につくれるから、おつくりになられたらいいんじゃないですか。

千眼さんも、私は、よかったんじゃないかなと思ってるんです。（幸福の科学に）来られる前は、〝ダークサイドの役〟をだいぶ回されてきていたようなんで。ねえ？　同じ事務所でも、いい役を取って有名になってる方もいらっしゃるけど、ちょっと、ダークなほうをやらせようとしているような事務所の方針が出ていた感じだったので、こちらに回ってこられたのは、本人の使命から見たら当然だったんじゃないかなと、私は思う。いや、よそ様のことを言ってはいけないけど。

私も、「僕等《ぼくら》がいた」みたいな役もいっぱいやりたいんだけど、こんな役がいつまでも来ないし、まあ、年齢《ねんれい》も取りますからね。こういうものは、できるだけ、やれるうちにやったほうが……。恋愛《れんあい》ものとか、できるうちにやらせてもらわないと、できなくなるので。〝後家様《ごけさま》物語〟みたいなのが、だんだん来るようになるので、早いうちにおねだりしておかないと、いけないんじゃないでしょうかね。

自分に合っていない役を演じるときは

竹内　長谷川は、今回の映画「さらば青春、されど青春。」で、南理沙《みなみりさ》という、いわゆる東大生に当たる役（映画では東城《とうじょう》大学生）を演じています。初めての知性的な役ということで、役づくりとして、けっこう英語の勉強や……。

吉高由里子守護霊　ああ、そうですか。いいですねえ。そういう役ができるっていうのは、よかったですね。私は無理だわ、それは。

竹内　（笑）いえいえ。そこで、長谷川にも、役づくりをする上でのアドバイスのようなものを頂けるとありがたいです。長谷川をはじめ、ニュースター・プロダクションやアリ・プロダクションのタレントたちが、今後、いろいろな役を演じていくことになるわけですが、役づくりをするときに、吉高さんが心掛《こころが》けているようなことを伺《うかが》えればと思います。

吉高由里子守護霊　うーん……。まあ、それぞれの人に違《ちが》ったポテンシャルがあるので、ちょっと、一言《ひとこと》では言えないんですけど。

（長谷川を指して）まあ、この方は、これからもっときれいになってくるんじゃないかと思うので、本当にいい役が出てくるんじゃないですかね、これからだんだんだんに。という気がしますよ。

まあ、私なんか、もう、散る間際《まぎわ》の桜みたいな感じの、厳しい、厳しーいところなんですよ。

竹内　そんな……。

吉高由里子守護霊　「八日目《ようかめ》の蟬《せみ》」ならぬ、「八日過ぎの桜」っていう、咲《さ》いてから八日目の桜みたいな感じなので、いやあ、いつまでできるかなあ。分からないいんですけど。

大川紫央　でも、今、テレビで拝見していても、とてもかわいらしいですし、総裁先生も、「映画『僕等がいた』では、一部、永遠の女性像のような役割を演じ切った」ともおっしゃっていたので、ぜひ、これからも輝き続けていただきたいと思います。

吉高由里子守護霊　繰《く》り返し観《み》られると、「これが女子高生に見えるか」って言われ始めるので（笑）（会場笑）、まあ、それはちょっと厳しいところがあるんですけども。

大川紫央　（笑）

吉高由里子守護霊　うーん……、純朴《じゅんぼく》なところを持ち味として持ってることは持ってるから。

今（のドラマ）でも、検事（の役）だけど、「豆腐《とうふ》屋の娘《むすめ》で検事になった」っていう、このあたりを組み合わせるとね、豆腐の柔《やわ》らかい感じが検事役と組み合わさると、何だか分からなくなるようなところがあるんでしょうけども。

え？ あなた様の役は、何か、ものすごく偉《えら》い方のお嬢様《じょうさま》の役？

長谷川　はい。東大のような大学に通うお嬢様の役で、才色兼備《さいしょくけんび》のような……。

吉高由里子守護霊　お嬢様。で、お父様も偉い役？

長谷川　そうですね。

吉高由里子守護霊　豆腐屋じゃなくて。

長谷川　はい。豆腐屋じゃなくて（笑）、裁判官をされていた……。

吉高由里子守護霊　裁判官の家庭で、東大生で……、ああ、ああ。まあ、結構でございます。ごちそうさまです。

長谷川　（笑）

吉高由里子守護霊　検事とかもねえ、東大生ができるような感じの雰囲気《ふんいき》を持ってないと、できない役だろうと思うけど、最近ちょっと、「意外性」ね。松潤《まつじゅん》の弁護士もそうだし、私のあれ（「正義のセ」）もそうだし、昔の古美門《こみかど》弁護士のもねえ？　あれは、堺雅人《さかいまさと》さん（主演）の「リーガルハイ」（第一期・二〇一二年放送のフジテレビ系ドラマ）ですか。あの方なんかも、「弁護士にあるまじき饒舌《じょうぜつ》と多弁と軽さをお持ちで、なぜか百戦百勝の弁護士」っていうことでありましたですけど、まあ、意外性もけっこう受けることは受けるし。

昔は、木村拓哉《きむらたくや》さんの検事も、「こんなのが検事であっていいのか」っていう役でしたよね（「HERO《ヒーロー》」〔第一期・二〇〇一年放送のフジテレビ系ドラマ〕）。通販《つうはん》をやたらと使ってる変な検事を演《や》って、人気があって、最後は左遷《させん》されて沖縄《おきなわ》のほうの島で釣《つ》りをしてるような感じの、そういう意外性が受けることは受けるので。

自分に合っていないものに関しては、自分の地を変えて役づくりをやるか、でなければ、その意外性っていうところで、まさかのキャラクターでそれを演じる。ただ、普通は否定されるから、否定されないで、「まあ、この人なら、これで押《お》しちゃうか」っていう感じで監督《かんとく》さんの守護霊を説得するところまで行ければ、それでもいいかもしれないとは思うんですけどね。

主役を演じるための心掛《こころが》け

竹内　「主演」ということに関してお伺いしたいのですけれども。

吉高由里子守護霊　あ、はい。

竹内　今日の質問者の長谷川奈央は、ニュースター・プロダクション（NSP）所属ですけれども、そのNSPやアリプロ（アリ・プロダクション）の新人は、これから初めて主演をするチャンスも来ると思います。

吉高さんに関するいろいろなものを読ませていただいても、非常に現場で愛される方なんだなと感じますし、先ほどからお話をお伺いしていても、吉高さんらしさというのが、逆に、他の役者やスタッフを、「彼女のために頑張《がんば》ろう」とさせているようにも感じます。実際、監督やプロデューサーもそうおっしゃっていました。

そのように、主演というのは、ただ演技がうまいだけではなく、現場自体を引っ張っていくことや、主演のために、みんなが命を懸《か》けてやろうと思える雰囲気をつくることが非常に大事だと思うのです。

これから主演を演っていく若い人たちのために、吉高さんが心掛《こころが》けていることなどがありましたら、お教えいただければと思います。

吉高由里子守護霊　うーん……、難しいですねえ。年上のベテランの女優さんとかでしたら、実際上、私なんかよりも、芸歴も長くて演技も上手な方はいらっしゃるので、そういう方が脇役《わきやく》で出られたりするときなどは、やっぱり、多少、緊張《きんちょう》はします。「年齢が若い」という理由で、そういう方を押しのけて自分が主演を演っても、自分の演技をじっと見ておられる感じはあるので。

うーん……、どうかな。全力投球はしなければいけないんだけれども、一方で、「そういうベテランの目を通して見たら、自分はまだまだ未熟だけど、許してもらえる範囲《はんい》内に収まるかどうかというところが勝負なんだ」という気持ちは持っていないといけないんじゃないかなあ。

自分が未熟なのは認めなきゃいけないと思うんです。だけど、未熟を言い訳にしては、やっぱり、ドラマとか映画を観る方に申し訳ないので。だから、未熟なのは自分で十分理解はしていても、ベテランの共演者たちからは、「ああ、自分だったらこういうふうに演技するのにな。やっぱり、もうひとつできないんだな」とか、たぶん見られてると思うんですよ。でも、「まあ、このへんで許してやるか」「堪《こら》えてやるか」って思ってもらえる範囲内に入っているかどうかぐらい、自分で感じ取る能力は要《い》るんじゃないかなあ。

これから若い人が主演する場合、芸的には、絶対、その人たちより芸がうまい人はいっぱいいらっしゃるはずなので。実は、そういう人たちは、「ああ、あそこが駄目《だめ》だな」とか、ちゃんと分かっていらっしゃるんですよ。「自分なら絶対にこうする」というのを分かってらっしゃるけど、その人を主演に立てなきゃいけないから言わないでいると思うし、監督だって、本当は言えないで黙《だま》っている。「本当はこういうふうに演ってほしいんだけど、できないだろうなあ。やっぱり、この人じゃまだ無理かなあ」とか「初チャレンジだし……」とか、そう見ているると思うので。

うーん……、だから、何て言うかな、「ほかの人がこのへんを許して、受け止めておいてくださっている」っていうことを知っているか、分かっているか。それとも、全然分からないで、「主演を演り切っているつもりで、はしゃいでいるか」という、この差はやはりあるんじゃないですかね。ここじゃないですか。

私は人気があるなんて全然思わないし、私のために、みんなが頑張ってくれているなんていうふうなことはないと思うんですけど、「吉高由里子の、このへぼい、大根《だいこん》みたいな演技でも、何とか作品になるかな」ということで、

「まあ、許してやるかな」っていうところのなかに入るかどうかという戦いなんで。まあ、そのへんを自分で知っておくことが大事です。

やはり、自分が大根役者なんだっていう部分を、ある程度知っておかないと。「ああ、自分は、やっぱり、能力や才能があるから主演になったんだ」みたいな感じで、「先輩《せんぱい》を押しのけて主演になった」とか思うのは、やっぱり間違いだろうと思います。みんなの目は厳しいし、世間《せけん》の目はもっともっと厳しいし、ライバルとか競争者もいっぱいいるので、謙虚《けんきょ》さみたいなものを失ったら終わりです。うんうん、そう思いますね。

竹内　お話をお伺いしていると、そういった吉高さんの個性が、多くの人が応援《おうえん》したくなる理由だという感じをすごく受けます。

5 「生霊《いきりょう》」から身を護《まも》る方法

女優・吉高由里子の使命とは

竹内　先ほど、大川紫央総裁補佐《ほさ》からも、使命に関するお話があったと思います。

吉高由里子守護霊　ああ、はい。

竹内　やはり、これからそういったことも出てくると思うのですが、吉高さんがご自身の使命だと思われているものは、どういったものなのでしょうか。

吉高由里子守護霊　いや、これを言うと、本当に具合が悪いんです。でも、今日も「霊界入門《れいかいにゅうもん》」って（題を）付けさせていただいたんですけれども、私も、やはり、「あの世があるんだよ」というところの〝ナビゲーター的な使命〟を何か持ってるような気がしてしかたがないんです。

だから、芸能界で出していただいても、「百パーセント、女優が天職」っていう感じでもなくて。そのなかに、「人間としてのあるべき姿」みたいなものというか、純真さ、「役の上でどれだけ汚《けが》れても、魂《たましい》は汚れない」みたいなところを描《えが》かなきゃいけない、そういうものを感じてはいます。

先ほど言ってくださった言葉に近いかもしれないんですけれども、「〝泥《どろ》んこ〟をいったんくぐっても、〝漂白剤《ひょうはくざい》〟みたいに、自分を純白に変えていくような力」が備わっていて、それで、映画なりドラマなりの一端《いったん》を担《にな》っているうちに、観《み》ている人が完全に毒されない部分の……。まあ、パセリみたいなもんかな、アハハ、ハハ（笑）。うんうん、〝パセリ役〟みたいな感じをできたらいいかなと思っているんですけどね。

主演に必要な「オーラ」とは

大川紫央　霊的なお話のところで、もう一つお伺《うかが》いしたかったことがあるのですけれども……。

吉高由里子守護霊　はい。

大川紫央　吉高さんは、あるテレビ番組のなかで「生霊《いきりょう》」という言葉を使われていたことがありました。

吉高由里子守護霊　ああ……、はい。

大川紫央　私たちのように、宗教のなかで修行《しゅぎょう》をしたりしている者にとっては、生霊はけっこう身近なものですけれども、吉高さんは、普通《ふつう》に生活をされていても、おそらく、「生霊」と「幽霊《ゆうれい》」の違《ちが》いが分かっているのではないかと思うのです。

吉高由里子守護霊　うんうん、分かるんです。

大川紫央　私も、出家《しゅっけ》前だと、そういうことは全然分からなかったと思うので、深い意味はなく、「すごいなあ」と思ったのですが、吉高さんが感じる幽霊と生霊の違いのようなもののポイントは何かありますか。

吉高由里子守護霊　あなたのご理解では、「幽霊」の理解が先で、あとから「生霊」なるものを知ったというふうな言い方ですよね。

だけど、この女優業をやりますと、「生霊のほうが先」なんです。生きている人の念波《ねんぱ》をものすごく受けるので。

いろんな人の思いがずっと来ていると、生きているにもかかわらず、その人の霊体《れいたい》が移動してくるような感じもあるし、演技中なんかでも苦しんでいたりすると、やっぱり、夜でもそういうものが来ている感じはあって。

先に、その生霊体験というか、生き念の感じのほうが体験としては強くあって、その隙《すき》に、ときどき、純然たる足のない幽霊様がいらっしゃるという……。

その足のない幽霊様がいらっしゃるときは、どっちかといえば休みのときのほうが多くて、仕事をやっているときは生霊のほうが多いですね。いろんな人がいろんな思いを持っていらっしゃるから。

例えば、「花子《はなこ》とアン」みたいなもので女子学生が大勢出たりしても、「なんで吉高由里子が主演なのよ！　私でもいいじゃない」みたいな感じは、周りからずっと来ているわけです。それで連ドラを撮《と》っていくと、やっぱり、「下手《へた》な演技してるわねえ」っていう感じとか、責める波動《はどう》も来れば、応援《おうえん》する波動もあるんですけど、そういうのが語りかけてくるような感じはすごくあって、聞こえてくると言えば聞こえてくるんです。

だから、ハイボールでも飲まないともうやっていられないというか（会場笑）、もう寝《ね》れないから。紛《まぎ》らわせて寝ちゃわないと、「これは、聞いていたら寝れなくなるなあ」っていう感じですかね。やっぱり、いろんな役者さんは、みなさん、念が強いので。

それから、ファンの方からもいっぱい（念を）受けます。たぶん、ここの宗教家でも同じだとは思うんですけど、ファンの方からのすごい念波を受けるので、「やっぱり、『自分を護《まも》るオーラ』がそうとうないと、主演は張るべきじゃない」っていうか、負けちゃうんです。

そういう念波は、ほかの同業者からも来るけれども、一般《いっぱん》の方からもあるし、「下手だ！」とかいうふうな批評家の意見もあって、いろいろ入ってくるんです。また、事務所や会社のなかのいろんな人間関係の問題も出てくるので、自己実現をすればそれで済むというわけにもいかない部分はあります。

でも、仕事的には、負けるわけにはいかない。スポーツ選手と一緒《いっしょ》で、べストを出さなきゃいけない。自己ベストを常に出さないと、仕事としては駄《だ》目《め》なんですけど、そうは言っても、個人競技ではなくて、いろんな人とのかかわりのなかで生きているのはそうなので。だから、そうした生霊というのは、〝税金部分〟みたいなものですかね。

まあ、それを跳《は》ね返すには、やっぱり、それだけのオーラが自分から出るしかないのかなとは思います。

あとは、悩《なや》んでいることを持っていたら、やはり弱いので。ずっと攻撃《こうげき》され続けてしまうので、その悩み事は、自分なりにある程度判断して、結論を出してしまわないといけない。

まあ、マネージャーとか、近くにいい方がいてアドバイスを下さればいいんだけど、うーん……、そうでないと苦しみ続けますよね。

人の気持ちが分からないと主演を張るのは難しい

吉高由里子守護霊　例えば、「花子とアン」では、仲間由紀恵《なかまゆきえ》さんみたいな方と共演しましたけれども、私が主演でも、はっきり言えば、演技は向こうのほうがずっと上ですからね。うまいので。そのずっとうまい方が、私を主演にして、テレビの空間のなかで存在できるにはどうあるべきかというようなことは、向こうのほうが工夫《くふう》してくださっていて、私が工夫してることは、ほとんどないんですよね。

仲間さんは、きっと、私のことを「下手だなあ」と見ているんだろうなって、もうひしひしと感じるんですけど、そのなかで、向こうのほうが主演者の能力に釣《つ》り合ったような演技をしてくださるんですよね。ちょうど、主演が主演に見えるように、そこそこのオーラしか出さない演技の仕方をやってくださるんで、まことに申し訳ない。

こちらは調整なんかできなくて。先ほども言いましたけど、周りが持ち上げて主演に見えるようにしてくださるので、そういう人たちの気持ちも理解して、汲《く》み取らなければいけないのかなあと。本来、主演じゃない。

だから、「自分より力のある人とは一緒にやれない」っていう方もいると思うんですよ。若い人は特にそうだと思うんですけど。映画やドラマでも、自分より能力があって、本来、主演を取れるような方、まあ、そういう主演クラスの方といっぱい組んでやる場合もあるじゃないですか。そういうときでも、役割に応じて、ちゃんと光の量を調整できる方はご立派ですけど、できない方もいらっしゃるんです。主演を食《く》っちゃったり、競争しちゃったりすることもあるので。まあ、このへんは難しいところでしょうね。

主演を立てる場合に、自分の光を調整して、劇として成り立たせる、お芝《しば》居《い》として成り立たせることができる人は、たぶん、この世界で長く生きられる方なんでしょう。

だけど、いつも自分がトップじゃなきゃいられないっていう方の場合は、厳しいかなあっていう感じかな。ちょっとグレードが下がると、すぐ面白《おもしろ》くなくなってくるはずなので。

やっぱり、人の気持ちが分からない人は、主演を張るのも、ある意味では難しいのかもしれません。実は、いっぱいいっぱいやればいいっていうものではないということです。

芸能界はスピリチュアルへの理解がある世界

長谷川　実際に生霊が来ているとき、守護霊様は、どのように見ていらっしゃるのでしょうか。

また、ご自身が霊的な体質で、霊的な声が聞こえてきたりするというようなことに対して、近くにいるマネージャーや事務所の方などは、どのくらいご理解があるのかというところが多少気になったのですけれども、そのあたりについて教えてください。

吉高由里子守護霊　まあ、理解はしてくれますけどね、「そんな人だ」と思えば。世の中にはそういう人はいっぱいいるし、芸能界には、わりあい霊体質の方が多いので。

やっぱり、お芝居をやっているうちに、「乗り移り型」っていうのを経験される方はすごく多いので。「ああ、やっぱりそうですか」とか、「あの旅館、出るよ」っていうようなことを、みんなもよく言っているし（笑）、そんな話は裏方ではけっこうあるので、まあ、理解はされます。あくまでも演技のほうがうまくいっていれば、それはそれでいいのでね。ただ、その体質が演技を阻害《そがい》する方向で働いてきたら、ちょっと困るということですよね。

だから、みんな験担《げんかつ》ぎはしますしね。撮る前には、ちゃんと神社へ行って祈願《きがん》したりね、終わったあとのお礼に行ったりとか、よくしますよね。例えば、「四谷怪談《よつやかいだん》」みたいなものを撮るときには、みんな、〝於岩《おいわ》神社（稲荷田宮《いなりたみや》神社）〟にお参りしたりとかしますよね。だから、まあ、ある程度、理解はされている世界なんだとは思うんです。

それを具体的に、明確に言うことは難しいですけど、「私って、そういう質《たち》なんです」みたいなことを言うと、「分かる分かる」って言ってくれる方はわりに多くて、むしろ、何も感じないっていう人のほうが、「大丈夫《だいじょうぶ》か？

才能ないんじゃないか」みたいに思われることも多いので。表でそれをあまり強く押《お》し出さなければ、別に、ある程度、「ああ、そういうタイプの人なんだ」という理解はしてくれるので、仕事のほうに支障がなければいいんです。

「今は〝花子〟がかかってきていて、演技できない。あと五十分ほど待ってください」というようなことをやってたら、みんな、「もういいかげんにしてほしいな。そんなのアル中じゃないの？」とか言い出しますから、そういうのは駄目なんですけどね。

でも、意外に、宗教で言う霊体質？　この「神降ろし体質」と似ているところがあることはあるので、たぶん、根本《ねもと》は一緒なんじゃないかと思うんですよね。

あの世の話をするのに、やっぱり〝神がか〟らないと無理でしょう？　霊が降りてこないと無理だから。
舞《まい》とか歌とか、踊《おど》りもあるし、能や狂言《きょうげん》、その他、歌舞伎《かぶき》もありますけど、
今の芸能も、そのへんの流れのなかにあるんだとは思うんですけど。
やっぱり、スターになる人は、本当は神がかってくるんだと思うんです。
昔から、たぶん、そうなんじゃないでしょうか。
だから、職業としては、神がかってくる感じです。神がかってき始めたら、
「うわあ、トップスターだなあ」っていう感じに見えてくるんじゃないかと
思うんで。そういう神業《かみわざ》みたいな感じに見える瞬間《しゅんかん》があるんじゃないかなと
思う。歌舞伎とかでも、たぶん、そうだと思うので。
まあ、歌舞伎の神様がいるのかどうかは、私は知りませんけどもね。ただ、
そうした芸事に対して、芸術・演劇系でいろいろな指導をなさっている方が
存在しているようには思うので、そういう方々のお力も引くことが大事なの

かなと思います。

また、体調管理はもう、基本的に、個人的なものに全部戻《もど》ってくるので。私はあんまり偉《えら》そうには言えないんですけど、どうかなあ、うーん……。やっぱり、「自分のキャパシティーを見極《みきわ》める」ということでしょうかね。どのくらいまで責任が負えるかっていう。だから、責任が負えないところまで見栄《みえ》を張らないっていうか、それだけ飾《かざ》り立てない、「虚飾《きょしょく》を持たない」っていうことが大事なのかな。

あと、芸事以外の心労はあまり持ち込《こ》まないようにするための、扉《とびら》を閉める努力。

そのムードに入ったっていうか、例えば、ロケに入ったとかいうことになったら、もう、ある程度なり切らなきゃいけないので、悩み事はいっぱいあるとは思うんだけど、それをいったん遮断《しゃだん》するような力。

自分をよく見せようとしすぎて、虚飾っていうか、虚栄心を出しすぎないことと、いったん仕事モードになったら、それ以外の悩み事があったとしても、いったん（シャッターを）ガシャッと下ろして、〝見ない・聞かない〟ようにする努力。これは、たぶん、霊能者なんかがやってる努力にかなり近いんじゃないかと思います。

「生霊《いきりょう》を跳《は》ね返すオーラ」の出し方

竹内　先ほど、「生霊《いきりょう》を返すオーラ」とか「結論を出す」といったお話もあったと思うのですが、どのようにすれば、この「生霊を返すオーラ」は出てくるのでしょうか。

吉高由里子守護霊　うーん……（約五秒間の沈黙《ちんもく》）。本当は、最後はやっぱり、神様のところにつながらなきゃいけないのかもしれないないなとは思っていますけどね。神様につながらないと勝てないのかもしれないですけど。

結局、芸事をやっている人でも、そういう体質を持っている人、要するに、生霊を送れるような人は、また、自分も（生霊を）感じるタイプの体質だろうと思うんですよね。

例えば、「吉高由里子みたいなのが、『正義のセ』で検事を演《や》るなんて、ちょっと許せない」「検事なら私のほうがよっぽどふさわしい」とか、そういうことを思っている人がいるとするじゃないですか。その思いがグーッと出てくると、（こちらも）そういうのを感じてはくるんだけど、でも、実は、その人もまた同じようなことを感じる体質でもあるんですよね。

だから、うーん……、自分と共演している人たちの輪が周りにありますので、共演している人たちとも心がうまくつながれば、ある意味で「結界《けっかい》リング」みたいになることはなって、みんなで護ってくださってるような感じっていうか。その劇、お芝居が成り立つためのチームをつくっているときには、「結界リング」になっているような気がするので、自分一人でやってるような気持ちにならないことが大事なのではないかなと思います。

そんな細々《こまごま》と、一人ひとりに気を配るところまでできないのは事実ではあるんだけど、やっぱり、「みなさんの力で成り立っている」「共演者の人たちも周りで護ってくださっている」と思うことが結界リングになるし、あるいは、自分が自信をなくして崩《くず》れようとしているときに生霊なんかを受けても、「でも、私が私のためだけにやっているんじゃなくて、みんなでつくっているドラマだし、成功させなきゃいけないし、ファンの方々にも申し訳ないという気持ちがあるから、何とかやり抜《ぬ》いて完成させたいな」と思うことですよね。

例えば、私が検事の役を演るなんていうのは、誰《だれ》が見たって、こんなの的《まと》外《はず》れな配役ですよね？　まあ、「できるわけないじゃないの」って。「こんな、今からにわか勉強して、そんな法律の刑法《けいほう》とかをやったって、もうそんなもの、できるわけがないじゃないの」って。それはもう、最初から分かってい るんですけど。私なんかよりも、もっとそれらしい人がいっぱいいるとは思うんだけど、検事らしい人が検事をやっても面白みのあるものは撮れないっていうことが、たぶんあるんだろうとは思うんですよね。

つくるほうでは、「正義のセ」は「東京タラレバ娘《むすめ》」と同じような方々が手伝ってくださっているんですけど、「いやあ、あの延長でやるから大丈夫だ」と言ってくれたので、「ああ、それでいいんだったらやれるかな」という気持ちですね。

だから、私は、法律を深く理解して、どうしても検事に見えるようにするっていうのは諦《あきら》めて、本当は出来が悪いんだろうと思うんですけど、でも、その出来の悪い部分を、面白さとか、そういうものでカバーするっていうか。毎回、「ああ、検事も人間なんだあ」と思って共感してくださることで、一定の役割を果たしているのかなと思うようにしています。

うーん……、千眼《せんげん》さんなんかも、今、苦労されてるんじゃないかな、きっとね。もうちょっと面白い役がお得意な方なんでしょうから、「いや、これは責任が重い」「肩《かた》が重い」とか、きっと言ってらっしゃるんじゃないですかね。

竹内　なるほど。

6 吉高由里子の「過去世《かこぜ》」を探《さぐ》る

坂本龍馬《さかもとりょうま》や山内千代《やまのうちちよ》と親しい関係だった?

竹内　今日、吉高由里子さんの守護霊様にいろいろとお話をお伺《うかが》いして、非常に透明《とうめい》感のある方だと感じましたし、大事な論点もさまざまに伺えたと思います。

ちなみに、今、お話しされている守護霊様は、過去、いつの時代に生まれ、どのようなお仕事をされていたのかをお訊《き》きしていきたいんですが、このあたりはいかがでしょうか。

吉高由里子守護霊　はあ……（会場笑）。

竹内　（笑）はい。

吉高由里子守護霊　ここは、これが来るんですよね。

竹内　そうですね、はい（笑）。

吉高由里子守護霊　うーん……、いやあ、身元調査ですよね？

竹内　もし、吉高さんの魂《たましい》の姿を見られたらいいかなと思っているんですけれども……。

吉高由里子守護霊　うーん……、あまり嘘《うそ》は言えないので。

こんなの、もう、事前に候補を選んでマネージャーに丸をつけるように言っていただければ、それを名乗ればいいんじゃないかと思うんです。あと、演技に影響《えいきょう》が出ないような無難《ぶなん》なものを選べばいいんだと思うんですが。

いやあ、困りましたねえ。こういう……、いやあ、あんまりそれを言うと、私も宗教映画しか出られなくなるかもしれないから。

竹内　それは、宗教家であられるということなんでしょうか。

吉高由里子守護霊　宗教家なんていうのはちょっと……。

竹内　（笑）では、宗教に関係があったということでしょうか。

吉高由里子守護霊　うーん……。まあ、「ない」とは言えませんね。やっぱり、あるでしょうね。

竹内　ちなみに、どこの宗教と関係があったんでしょうか。

吉高由里子守護霊　うわあっ！　なかなか。だから、「おじさんは嫌《いや》だ」って言ったのよ（苦笑）。

竹内　すみません（笑）（会場笑）。

吉高由里子守護霊　「若い人がいい」って、あれだけ繰《く》り返し言ったのに。若い人はそんなに追及《ついきゅう》しないのに。ああ、厳しいなあ。
　宗教ねえ、まあ、関係あります。
　以前、（過去世《かこぜ》で）どこかの教祖だっていう人、なんかいらっしゃいましたよね？

大川紫央　蒼井優《あおいゆう》さんです。

吉高由里子守護霊　ああ、そうかあ。ま、教祖っぽいですよね、あの人。もうちょっと年を取ったら、もっとすごくなるんじゃないですか。教祖みたいになるかも。

●蒼井優　『女優・蒼井優の守護霊メッセージ』（幸福の科学出版刊）参照。

竹内　ということは……。

吉高由里子守護霊　いやいやいやいやいやいやいやいやいやいやいや……。

竹内　蒼井優さんと何かご関係があるんですか。

吉高由里子守護霊　いえいえいえいえ。そういうことを言っているわけではないんですけど、宗教には、関係はございます！　正直に言って。

竹内　神道《しんとう》、仏教、儒教《じゅきょう》、道教《どうきょう》、キリスト教……、どれがいちばん反応しますか。

吉高由里子守護霊　うーん……、ま、答えにくいんですけど、以前に申し上げたことはあるんですが、大川紫央総裁補佐《ほさ》の「魂のごきょうだい」とは、お友達なんです。ええ。

竹内　ああ。ちなみに、紫央総裁補佐の「魂のごきょうだい」のお友達のお名前は、何という方でしょうか（笑）。

吉高由里子守護霊　うーわあああ！　追及、追及されるんですね、やっぱりねえ。

紫央様の魂は世界的に広がっていらっしゃるから、どこにいても友達になることは可能なんですけども……。

●**魂のきょうだい**　人間の魂は、原則として、「本体が１人、分身が５人」の６人グループによって形成されていて、これを「魂のきょうだい」という。一定の期間をおいて、６人が交代で地上に生まれてくる。ただし、霊界の高次元世界においては、必ずしも「本体１、分身５」のように分かれた魂ではなく、巨大なエネルギー体の一部が必要に応じて自在に分光していくかたちとなる。

竹内　たぶん、具体的にお名前のあるお友達がいらっしゃると思うんですけれども。できれば、その方のお名前をお伺いできるとありがたいのですが……。

吉高由里子守護霊　うう！　はああ……。このことを言うと、また、事務所の人に怒《おこ》られるんだよねえ。きっと怒られちゃうから。役の選択《せんたく》がえらく絞《しぼ》られてくるので、あまり……。

竹内　ちなみに、どういう関係性だったんですか？

吉高由里子守護霊　えっ？

竹内　お二人はどういう関係性で。

吉高由里子守護霊　（約五秒間の沈黙《ちんもく》）うーん、どう思います？

竹内　（笑）（会場笑）

大川紫央　私自身も吉高由里子さんのファンの一人なんですが、どういったところでご縁《えん》があったのでしょうか（笑）。

吉高由里子守護霊　うーん……。女性としての縁と、男性としての縁と、まあ、両方の説明が要《い》る場合があるかもしれません。

竹内　え？　ちょっと待ってください。

吉高由里子守護霊　え？

竹内　どちらが男性になるんですか。

吉高由里子守護霊　そちらが。

竹内　こちらが？

吉高由里子守護霊　うん、両方……。

大川紫央　では、何度か、この世に一緒《いっしょ》に転生《てんしょう》させていただいたことがあるということでしょうか。

吉高由里子守護霊　そういうことになりますね。やっぱり、坂本龍馬《さかもとりょうま》さんとかは、何か、いい感じの男性でしたよ（注。以前の霊査《れいさ》で、大川紫央・幸福の科学総裁補佐の過去世には、坂本龍馬、山内千代《やまのうちちよ》、北条政子《ほうじょうまさこ》がいることが判明している）。

竹内　ああ……。

大川紫央　え？（笑）女性であられたって……。

吉高由里子守護霊　だから、こういう話はしてほしくないでしょ？　ねえ？

大川紫央　いいえ、大丈夫《だいじょうぶ》です。

吉高由里子守護霊　龍馬さんは、別に、奥《おく》さんが一人だけだったわけじゃないんですよ？

大川紫央　そうですね。

吉高由里子守護霊　だけど、言っちゃいけないですよね？　こんなことは。

竹内　今は、「龍馬の女だった」ということで、すでに何人か判明しているんですけれども……。

吉高由里子守護霊　エッヘヘ……。

大川紫央　（笑）

竹内　今、こちらにもいますけれども、どのあたりに……。

吉高由里子守護霊　いや、やっぱり、宗教上、よくないんじゃないですか？

竹内　あ、そうですか。

ちなみに、そのときは、江戸《えど》と京都と、どちらにいらっしゃったのでしょうか。

吉高由里子守護霊　（約五秒間の沈黙）ううーん、はあ……、厳しいですねえ。

竹内　あっ、土佐《とさ》ですか？　そういえば、土佐の方がまだ出ていませんね。思い出しました。あの方のお名前は何でしたっけ？

大川紫央　加尾《かお》さんという方がいらっしゃいました。

竹内　土佐藩《はん》の加尾さんですか。

吉高由里子守護霊　いや、そんなねえ、身分の高い方じゃないでしょう。感じ的にね。

大川紫央　じゃあ、芸者さんとか？

吉高由里子守護霊　いや、それだと「宗教家」にならないですね、やっぱり。それはまずいですね。

大川紫央　そうですね（笑）（会場笑）。

吉高由里子守護霊　まあ、あの……、龍馬さんのファンの一人として、ときどきお世話をさせていただいていました。

大川紫央　ありがとうございました。

吉高由里子守護霊　ということで、これは、あんまり明らかにすべきではないのではないかと思っています。

竹内　では、女性同士だった時代などというのは……。

吉高由里子守護霊　ええ。もちろん、ございますね。ええと、あのときは、あの……（約五秒間の沈黙）、あれは……、有名な、十両で馬を買った方。

大川紫央　ああ！　山内千代さん。

吉高由里子守護霊　まあ、千代様と縁は、深いですね。

大川紫央　縁は深い。

吉高由里子守護霊　うん。縁は深いです。

大川紫央　どういうご関係で縁が深かったのでしょうか。

吉高由里子守護霊　ううーん……、これも言うと問題が出る部分が一部あるかも。

大川紫央　問題が出る？

吉高由里子守護霊　うーん、一部、問題が出るかもしれませんですけども。

竹内　えっ？　あなたがご主人だったっていうことではないですよね？

吉高由里子守護霊　ううーん……。

竹内　あの……（笑）。

大川紫央　えっ？　●山内一豊《かずとよ》公だったということでしょうか（笑）。

●**山内一豊**（1546～1605）　安土《あづち》桃山時代の武将。織田信長《おだのぶなが》、豊臣秀吉《とよとみひでよし》に仕え、遠江掛川《とおとうみかけがわ》城主《じょうしゅ》となる。1600年の関《せき》ヶ原《はら》の戦いでは徳川家康《とくがわいえやす》に仕え、戦後、土佐藩主となった。信長が行った「馬揃《うまぞろ》え」の際、一豊の妻・千代が、貯《たくわ》えていた10両で夫に名馬を買わせたという「内助の功」の話をはじめ、数々の逸話が伝えられている。

竹内　それで土佐藩つながりということですか（笑）。

大川紫央　ええっ!?

吉高由里子守護霊　私、女優ですから。

竹内　はい（笑）。では、馬を買ってもらったほうの方なんですね？

吉高由里子守護霊　「その馬だった」とか、そのくらいのほうがいいかもしれない。

竹内　（笑）では、女性同士ではなく、そちらは男性だったということでしょうか。

吉高由里子守護霊　そんなことは……、いいんでしょうか。何か、宗教的に、こう……。

竹内　（笑）いや、いろいろな転生がありますから。

大川紫央　けっこう衝撃《しょうげき》ですが、土佐藩で、その後、幕末まで続く流れをつくられた方ということですか。

ごめんなさい。何か、女優さんなのに申し訳ありません。

吉高由里子守護霊　男だったという過去世なんかが出て、何かいいことはあるのでしょうか……。

竹内　はい。今までも何人かそういう方はいらっしゃいましたので。

吉高由里子守護霊　まずい、ちょっとまずかったかな……。本人の表面意識のほうはショックを受けて……。

大川紫央　そうですね。

女性としての代表的な過去世《かこぜ》は鎌倉《かまくら》時代の人

竹内　では、もっと過去へ戻《もど》ったときに、女性霊《れい》で、ご自身で言えるような方はどなたかいらっしゃいますか。

吉高由里子守護霊　あっ、鎌倉《かまくら》時代で……。

竹内　はい。

吉高由里子守護霊　千眼美子《せんげんよしこ》さんが「亀《かめ》の前《まえ》」という名前で、頼朝《よりとも》様の身の回りのお世話をなされていたんですよね。

竹内　ああ、なるほど。

吉高由里子守護霊　そして、北条政子様が、本当は、その頼朝様を伊豆《いず》に閉《と》じ込《こ》めていたのを見張る役をやっている方のところに輿入《こしい》れされることになって、婚約《こんやく》されたんですけど、ご婚儀《こんぎ》がある結婚式の当日に逃走《とうそう》されて、頼朝公のところに逃《に》げ込まれたんですよね。

竹内　はい。

吉高由里子守護霊　だから、古代的に、鎌倉時代ではありえないような超《ちょう》・現代的な女性で、結婚式のときにそちらを蹴《け》っ飛ばして、好きな男のところに走られた方であるんですよね、この方ね。

竹内　はい。

吉高由里子守護霊　で、（北条政子の）妹様に、〝景子《けいこ》さん〟っていう方がいらっしゃったんですけれども……（注。以前の霊言で、北条政子の妹である阿波局《あわのつぼね》は、女優の北川景子の過去世の一つであることが判明している。『女優・北川景子　人気の秘密』〔幸福の科学出版刊〕参照）。

大川紫央　そうですね。阿波局という方がいらっしゃいました。

吉高由里子守護霊　まあ、そのへんの絡《から》みに、私がどこかで一枚入っているということではありますね、ええ。

竹内　誰《だれ》かいましたっけ？（笑）

吉高由里子守護霊　いや、まあ、そんなに、もう思い出してくださらなくても……。ええ。

大川紫央　本当に、何度か一緒に生まれさせていただいたことがあるということでしょうか。

吉高由里子守護霊　だから、うーん……、まあ、親族と言うべきかどうか分かりませんが、身内の一人としていた者でございまして。困ったなあ、本当……。

大川紫央　すみません（笑）。

吉高由里子守護霊　あんまり宗教家じゃないんじゃないですか。

大川紫央・竹内　（笑）

吉高由里子守護霊　あまり、こういう話をすると、何か、宗教家じゃないみたいですけど。もっと言うと……。いや、厳しいなあ、どうしようかなあ、うーん……。

竹内　もっと言うと？

吉高由里子守護霊　あのー、頼朝・義経《よしつね》ご兄弟ともですね、たいへんな美人好きなご兄弟でございまして。うーん……、白拍子《しらびょうし》とかがお好きなんですよね、とてもね。

大川紫央　●静御前《しずかごぜん》？

吉高由里子守護霊　いやいやいやいやいやいやいや。それは……、私なんかがやってはいけない。もっと美人の方が、演技なされた役なんじゃないですか。

でも、そうなんです、本当は。

●**静御前**（生没年不詳）　平安時代末期から鎌倉時代初期の白拍子《しらびょうし》。源《みなもとの》義経《よしつね》の側室。兄・源頼朝《よりとも》に追われた義経と共に吉野に潜伏するも、捕らえられ鎌倉に送られた静御前は、頼朝と北条政子《ほうじょうまさこ》の求めで舞を舞った。その際に歌われた「しづやしづ しづのをだまき くり返し 昔を今に なすよしもがな」という義経を恋い慕《した》う歌が有名。

竹内　ああ……。

大川紫央　では、静御前なんですね？

吉高由里子守護霊　はい。そうなんです。

大川紫央　そうだったんですか……。

吉高由里子守護霊　はい。そうなんです。これは、あなたとの関係でいくと、まあ、お味方だったときと、そうでなかったときとがあるのかも、とは思うんですけど。一緒に平家《へいけ》と戦ったところでは、〝お味方〟だったと思います。まあ、最後はちょっと難しいところもございますが、きょうだいと言えばきょうだいに当たりますね。だから、白拍子でお認めいただいた方であるとは思います。

まあ、そういう経験もありますね。でも、まだちょっと、宗教家とは言えない……。

イエス様の奇跡《きせき》のお手伝いをしたことがある

竹内　ちなみに、救世主がおられた時代にご活躍《かつやく》されたご記憶《きおく》はありますか。

例えば、仏陀《ぶつだ》やイエスや孔子《こうし》など、いろいろあると思うんですけれども、いちばん鮮明《せんめい》に覚えていらっしゃるご記憶というのは、どのあたりになるのでしょうか。

吉高由里子守護霊　はああ……。だから、年取った男性は嫌だって、これは何度も何度も言ったんですけど（会場笑）。まだ、その後ろの方が出なかったただけ、これでもいい……（会場笑）。後ろの方が出られたら、もう本当に嫌だわと思ったんですが。

ああ……、そうですねえ、うーん、イエス様は見覚《みおぼ》えがありますね、確かに。

竹内　ああ。

吉高由里子守護霊　イエス様は、見覚えがあります。（約五秒間の沈黙）うーん、やはり、かなり近いところまで行っていたと思います。イエス様をお世話していた女性たちがいますけれども、そのなかの一人の者です。

当時は、同じような名前の方がいっぱいいらっしゃったので、そんな簡単に区別がつかないんじゃないかと思います。似たようなお名前の方がいっぱいいらっしゃったので。

竹内　イエス様が、最後、十字架《じゅうじか》に架かったとき、目の前に女性が四人ぐらいいたと思うのですけれども、そのなかにいらっしゃいましたか。

吉高由里子守護霊　うーん……、ああ。はああ、ううーん。まあ、パン屋の娘《むすめ》ぐらいに思ってくださっているほうが、私はありがたいかなと。

竹内　ああ……。

吉高由里子守護霊　イエス様が、夕食とかを召《め》し上がっておられるときにお世話したっていうか。ね？　ナンみたいに大きなパンを出すんですけど、そういうのを出したりもしていたし。

まあ、自分も奇跡《きせき》に立ち会ったこともある人間の一人です。イエス様が籠《かご》のなかのパンとか魚とかを増やして、大勢に分け与《あた》えられた奇跡が『聖書《せいしょ》』のなかに書いてあるんですけれども、そのときに籠を持っていた人。まあ、全然有名じゃないですね。そういう籠を持って、奇跡のお手伝いをしたことがある者ではあります。

7　さらに過去まで遡《さかのぼ》ると……

どの星の宇宙人と関係がある？

竹内　芸能人の方の守護霊様にはよくお訊《き》きしているのですが、宇宙時代の意識はどの星に縁《えん》があるのでしょうか。もしお分かりになるならば、お教えいただければと思います。

吉高由里子守護霊　（ため息）もう、それは入信していたほうがいいんじゃないでしょうか（会場笑）。

竹内　（笑）

吉高由里子守護霊　入信しないと、ちょっとそこまで……。そこまで行くと、行っちゃうんじゃないですか。

竹内　ただ、綾瀬《あやせ》はるかさん等の守護霊様にもお訊きしています。

吉高由里子守護霊　へえ。みんな、そんなことをおっしゃるんですか。

竹内　はい。ベガやプレアデスなどの星の名前が出てきているのですけれども。

●**ベガ**　琴《こと》座《ざ》にある一等星。ベガ星系に住む宇宙人は、相手に合わせて外見を自由に変えることができ、性別は男性、女性、中性が存在する。「高度な科学技術」と「ヒーリングパワー」を持つ。『ザ・コンタクト』（幸福の科学出版刊）等参照。

●**プレアデス**　「昴《すばる》」とも呼ばれる、おうし座にある散開星団《さんかいせいだん》。プレアデス星団には、「美」と「愛」と「調和」を重んじ、欧米人に近い体格を持つ人類型宇宙人が住んでいる。「魔法」や「ヒーリングパワー」が使える。『ザ・コンタクト』（前掲）等参照。

吉高由里子守護霊　宇宙人……。おたく様でも、外ではそこまであんまり本を売っておられないところなんじゃないですか、それは。

竹内　いや、今、頑張《がんば》って売っているところではあるのですが。

吉高由里子守護霊　うーん。まあ、私、この一年ぐらい、幸福の科学には霊的《れいてき》にはよく来て、いろいろ見せていただいてはいるんですけどね。宇宙時代ということになりますと……。うーん、まあ、プレアデスとか、あるいは、アンドロメダ●とか、何かそういうような言葉が関係があるように思えてなりませんけどね。

●アンドロメダ　私たちが住む天の川《あまのがわ》銀河から約250万光年の距離にあるアンドロメダ銀河のこと。天の川銀河の比較的近くにある代表的な渦巻銀河の一つ。

竹内　ああ……。「ご記憶《きおく》がある」ということですね。

吉高由里子守護霊　うん。

まあ、それは幸福の科学の芸能人でしたら、いくらでもズボズボと入っていっていいのかとは思いますけども、私のような何の協力もできていない人間が、そういうのをあんまり言うのは望ましくないのではないでしょうかねえ。

竹内　はい。分かりました。

吉高由里子守護霊　どうなんでしょうかね？

竹内　大丈夫《だいじょうぶ》です。

吉高由里子守護霊　（竹内に）あなたは何か美しい女性に見えてきた、だんだん。

竹内　いやいや（笑）。

三億年前に始原《しげん》の神・アルファの〝左腕《ひだりうで》〟だった？

大川紫央　先ほど、「神様とつながることが、最後は自分を護《まも》ることになるのではないか」とおっしゃっていましたが、吉高さんがつながっている神様というのはどういうご存在でしょうか。

吉高由里子守護霊　（上目《うわめ》づかいで大川紫央を見ながら微笑《ほほえ》む）

竹内　かわいらしい（笑）。

大川紫央　すみません（笑）。答えにくかったですか。

吉高由里子守護霊　（笑）厳しい。やっぱり、〝宗教裁判所〟じゃないですか、思ったとおり。

大川紫央　ただ、イエス様のお近くにもいらっしゃったということは、世界にまたがって活躍《かつやく》されるような、宗教的な部分もお持ちであるということですね。

吉高由里子守護霊　まあ、ガイア様と縁のある魂《たましい》です、はい。

竹内　ガイア様ですか!?

吉高由里子守護霊　ガイア様。

竹内　三億年前の……。

吉高由里子守護霊　はい。幸福の科学の〝副御本尊《ごほんぞん》〟みたいな方になっていらっしゃる。

●**ガイア**　地球系霊団の至高神、エル・カンターレの本体が、3億3千万年前に「アルファ」という名で初めて地上に下生《げしょう》した際、その伴侶であった女神《めがみ》。太古よりエル・カンターレの創造作用の一部を担っている。現代日本に、大川隆法の妻・大川紫央として転生《てんしょう》している。『太陽に恋をして』（幸福の科学出版刊）等参照。

竹内　そうしますと、三億年前の記憶もあるということですか。

吉高由里子守護霊　いや、もう、そこまで言わせないでください（苦笑）。

竹内　はい（笑）。

吉高由里子守護霊　私、もう役者辞《や》めるわ。

竹内　（笑）

吉高由里子守護霊　雇《やと》ってくださるんですか？　そんなこと言うと……。

紫央さんとの縁は、実はもっともっと深いものがあるので。これを言うと、吉高由里子は精神分裂《ぶんれつ》（統合失調症《しっちょうしょう》）と判定される。

竹内　もしかして、吉高さんの「生霊《いきりょう》を返す力」というのは、ガイア様からも引いてきたということなんでしょうか。

吉高由里子守護霊　だから、〝ライトセーバー〟を持っているって言ったでしょ。

竹内　ああ、そういうことなんですか。

吉高由里子守護霊　ガイア様が（始原《しげん》の神・アルファの）右腕《みぎうで》なら、〝左腕〟

●アルファ　地球系霊団の至高神であるエル・カンターレの本体意識の一つ。3億3千万年前、地球の文明実験の過程で、他の惑星から飛来した宇宙種の人類と地球系の人類との間で対立が起きたため、両者を協調させ、一つの教えの下《もと》にまとめるべく、地上に降《こう》臨《りん》し、「地球的真理」を説いた。『アルファの法』（宗教法人幸福の科学刊）等参照。

は誰《だれ》？　〝左腕〟はどこにあるの？

竹内　アルファ様の時代にいたということですか!?

吉高由里子守護霊　ガイア様が右腕だったら、〝左腕〟は誰？

大川紫央　では、吉高さんの魂としては、アルファ様の時代の記憶もお持ちだということですよね。

吉高由里子守護霊　だから、これ以上言うと、私、事務所を辞めなきゃいけないから。退職金を準備していただかないと、これ以上の告白は難しくなります。

まだ、ガイアだとかアルファだって、みんな全然分からないから、今のところいいんですけど。幸福の科学的には大変なことになると思いますが。

だから、私は、あなたがたがつくろうとしておられる「宇宙の法」に登場できる人間の一人なんです、実を言うと。

竹内　ああ……、そうなんですね。

吉高由里子守護霊　（竹内に）あなたもそうですけど、私もそうなんです。エル・カンターレをお護りした女性たち。

竹内　なるほど。

想像を絶する、
〝始まり〟へ。
宇宙の法
10.12［FRI］日米同時公開
映画「宇宙の法―黎明編―」
（製作総指揮・大川隆法／2018年10月12日公開）

「正義のセ」に隠《かく》された「アルファの時代」の名前とは

竹内　すみません。「アルファの時代」のお名前だけでも、最後にお教えいただけるとありがたいと思います。なかなかこういう貴重な機会もないので、人類の歴史にお名前を遺《のこ》していただければ……。

吉高由里子守護霊　いやあ、それは僭越《せんえつ》すぎるので、何かもうちょっとご縁がなければ……。

竹内　ああ、はい。

吉高由里子守護霊　だから、「Hさんを（質問者として）出してください」

ってお願いしたんだけど、拒否《きょひ》されましたので。〝おじさん〟が出てこられて、ブロックなさったんで、お答えすることができないということなんですよね。

竹内　失礼しました。

それでは、エロス様とも関係があるということですか。

吉高由里子守護霊　いや、知りません。もう、これ以上は責任を負えないので、私が申し上げることはできませんが、一人、二人ではできないものなんですよね、宗教とかでもね。

だから、「蒼井優《あおいゆう》さん（の過去世）が天照皇大神宮教《てんしょうこうたいじんぐうきょう》の教祖だった」とおっしゃるが、「私は三億年以上も昔に、人類草創のときの大宗教が起きたときに、（アルファの）側《そば》におりまして……」みたいな話をすると、そろそろ外されることになりますので、あんまり、もう言わないほうがよろしいかなと。
「正義のセ」という名前で言うと、何になるでしょうかね。まあ、私の「正義のセ」で言うと……。
やっぱり、私の名前は「セ」が付くかもしれませんね。

竹内　「セ」が付く名前だったんですか。

吉高由里子守護霊　うん。「セラフィム」という名前で呼ばれていたと思います。

竹内　セラフィム？

●**セラフィム**　6つの翼を持ち、体は炎に覆われ、神の王座を守護する天使とされている。(左)イエスと聖母マリアの側《そば》に浮かぶセラフィム。「神の母」(ヴィクトル・ヴァスネツォフ画、1901年)

吉高由里子守護霊　はい。セラフィムという天使の一人ですね。

竹内　なるほど。貴重なお話をありがとうございました。

吉高由里子守護霊　まあ、これは、たぶんユダヤ教の人たちは知っています。セラフィムという、神様の側によく現れる天使の一人ですね（注。セラフィムは、キリスト教やユダヤ教に伝えられる天使であり、最上級の天使とも言われる〔熾天使《してんし》〕。本霊言《れいげん》の収録後に行った霊査《れいさ》で、約一億五千万年前、地球神エル・カンターレの本体意識がエローヒムという名で地上に降臨《こうりん》した同時代にも、セラフィムはエローヒムを護る役割をしていたことが判明した）。

竹内　やはり、偉大《いだい》な宗教的魂なのですね。

吉高由里子守護霊　今回、それだけの仕事をしてないので。

竹内　いや、これからまだ……。

吉高由里子守護霊　だから、こういうのを知ったら、殺人鬼《き》とかの演技ができなくなるので、ごめんなさいね。

竹内　いえいえ。本当にありがとうございます。

大川紫央　ご開示するのが難しいところまでお話ししてくださって、ありがとうございます。

吉高由里子守護霊　まあ、明かせるのは、昔の古いものでセラフィムという名前が一つございます。これは、剣《けん》を持って主《しゅ》を護っていた者の一人です。守護天使の一人です。

日本の歴史のなかで（過去世が）幾《いく》つか出てはいますが、明かせるのは、白拍子《しらびょうし》をやってた「静御前《しずかごぜん》」という名前が一つ。これは明かせるかもしれません。

あとはややこしいので、あんまり言わないほうがいいのではないかと思いますが、もしかすると、あなた様（大川紫央）が女性だったときに、男性とかで出てる可能性もあるかもしれません。そういうことはちょっとあるかもしれませんね。

竹内　（笑）はい。

今日は貴重なお話を伺《うかが》うことができまして、まことにありがとうございました。

吉高由里子守護霊　今後とも友達としてよろしく。

竹内　はい。こちらこそ、よろしくお願いいたします。

大川紫央　ご活躍をお祈《いの》りしています。

吉高由里子守護霊　芸能界でまったく呼ばれることがなくなったら、あとは信心《しんじん》に目覚めるということもあるかとは思いますので。

まあ、もうしばらくお待ちいただければ、(長谷川を指して)こちらの若い方々が活躍されて、あなたがたが左団扇《うちわ》で暮らせるようになれば、私なんかがうろうろすることも可能かと思います。

質問者一同　ありがとうございました。

8 吉高由里子の守護霊霊言《れいげん》を終えて

大川隆法　（手を二回叩《たた》く）はい、ありがとうございました。

芸能界にも、宗教にかかわっている人は意外にいるということのようですね。

紫央総裁補佐《ほさ》は、「吉高由里子さんによく似ている」と言われることがあって、私も何回かそういうことを聞いたことがあるのですが、今世《こんぜ》では似る場合もあるし、過去世《かこぜ》では「アルファの右腕《みぎうで》、左腕」という関係でもあったようです。

また、もしかすると、夫婦《ふうふ》だった場合もあったかもしれないというようなことも述べていました。親族であったこともあるような話もありましたね。

あるいは、「坂本龍馬《さかもとりょうま》を男にした」と言ったかのようにも聞こえる面もありました。これは、ほかの人との兼《か》ね合い上、難しいところかもしれません。

吉高さんとは、そのうち何かまたご縁《えん》があれば、どこかでお近づきになれるといいですね。

ただ、幸福の科学グループの芸能部門はまだ未熟であり、大物の方をお呼びするにはほど遠い状態なので、幸福の科学の作品のなかで演じられそうな役があれば、そのときには機会を頂けるとありがたいなと思います。

今後、いろいろな作品をつくっていきたいと思っているので、さまざまな人々が参加してくれると、われわれとしても使命が果たしやすくなります。自前だけですべて賄《まかな》い切れない部分はあるので、そういう機会があればお願いしたいと思います。

ときどき吉高さんも、「いつ辞《や》めてもいいかな」と思っているらしいので、「そういうときもあるかもしれませんね」ということで、何かの参考になれば、ありがたいと思います。

やはり、ある程度、偉《えら》くなるには過去世の活躍《かつやく》も多少は関係があるのでしょうか。〝天照皇大神宮教《てんしょうこうたいじんぐうきょう》の教祖〟（蒼井優《あおいゆう》）は、日本アカデミー賞最優秀《さいゆうしゅう》主演女優賞を受賞しましたが、そういう昔の（過去世で活躍した）人も受賞したりしているわけです。芸術系もけっこう影響力《えいきょうりょく》はあるので、そうかもしれませんね。

ナタリー・ポートマンも、イスラエルから賞を贈《おく》られることになっていましたが、「今のイスラエル首相が好戦的なので、一緒《いっしょ》に写真に写るのが嫌《いや》だ」というようなことを言って拒否《きょひ》していました。

ややや政治思想が出てきているようですが、女性として生まれた場合、女優なども社会的な地位を上げて影響力を増すのには、いいポジションなのかもしれませんね。芸能系で有名になれば、発言にいろいろと影響力が出てきたり、政治性も増してきたりするところはあるでしょう。

そういう意味で、芸能部門も軽《かろ》んじてはいけない部門ではないかと思います。

吉高さんとは、いろいろな縁があるらしいということは分かりました。まあ、支障のない範囲《はんい》内で喜びたいと思います。

質問者一同　ありがとうございました。

あとがき

本書の終わりが近いころ、吉高由里子さんの過去世鑑定《かんてい》についての話が出てくる。私が驚いたのは、静御前《しずかごぜん》という名前ではなく、「セラフィム」という名前である。

自分でこの名を語った人は、未《いま》だいない。ユダヤ教では天使のトップの座にあり、おそらくキリスト教においても同様だろう。よく知られている天使長ミカエルら七大天使より、ずっと高次の天使で、回転する炎の剣で主《しゅ》を護《まも》っている「熾天使《してんし》」といわれる存在である。当会で上映が予定されている長編アニメ映画「宇宙の法――エローヒム編――」（二〇二一年公開予定）にも登場する。女優として有名なだけでは「セラフィム」の名には値しない。おそらく吉高さんの今後の人生に、さらに大いなる使命が隠されているものと推察するしかない。本書が彼女の今後の使命感に火をつけるきっかけになれば幸いである。

二〇一八年　八月十二日

幸福《こうふく》の科学《かがく》グループ創始者兼総裁《そうししゃけんそうさい》　大川隆法《おおかわりゅうほう》

『吉高由里子　人気女優のスピリチュアル・パワー』関連書籍

『ザ・コンタクト』（大川隆法 著　幸福の科学出版刊）

『女優・蒼井優の守護霊メッセージ』（大川隆法 著　同右）

『女優・北川景子　人気の秘密』（大川隆法 著　同右）

『太陽に恋をして ―ガイアの霊言―』（大川隆法・大川紫央 共著　同右）

『「さらば青春、されど青春。」オフィシャル・メイキングブック』

（「さらば青春、されど青春。」製作プロジェクト 編　同右）

『アルファの法』（大川隆法 著　宗教法人幸福の科学刊）

『アルファの時代』（大川隆法 著　同右）

※左記は書店では取り扱っておりません。最寄りの精舎・支部・拠点までお問い合わせください。

吉高由里子《よしたかゆりこ》
人気女優《にんきじょゆう》のスピリチュアル・パワー

2018年 8 月28日　初版第 1 刷

著　者　　大《おお》　川《かわ》　隆《りゅう》　法《ほう》

発行所　　幸福の科学出版株式会社

〒107-0052 東京都港区赤坂 2 丁目 10 番 14 号
TEL(03)5573-7700
https://www.irhpress.co.jp/

印刷・製本　株式会社 堀内印刷所

ISBN978-4-8233-0022-6 C0074
カバー , 表紙 ,p.3-9 jakkapan/Shutterstock.com
p.25 kuni.y/PIXTA, p.114 時事通信 , p.117 Kowloonese, p.118monjiro/PIXTA
装丁・イラスト・写真（上記・パブリックドメインを除く）© 幸福の科学

大川隆法 霊言シリーズ・人気の秘密に迫る

女優・北川景子 人気の秘密

「知的オーラ」「一日9食でも太らない」など、美人女優・北川景子の秘密に迫る。そのスピリチュアルな人生観も明らかに。過去世は、日本が誇る絶世の美女!?

1,400円

女優・蒼井優の 守護霊メッセージ

ナチュラルで不思議な魅力を持つ演技派女優・蒼井優にスピリチュアル・インタビュー。自分らしさを大切にする生き方と、意外な本音が明らかに。

1,400円

ミステリアス女優・小松菜奈の「カメレオン性」を探る

神秘的でアンニュイな雰囲気、際立つ存在感……。ダークな役から清純派まで変幻自在に演じ分ける小松菜奈の演技力の秘密と、その魅力に迫る。

1,400円

※表示価格は本体価格(税別)です。

大川隆法 霊言シリーズ・人気の秘密に迫る

魅せる技術

女優・菅野美穂 守護霊メッセージ

どんな役も変幻自在に演じる演技派女優・菅野美穂——。人を惹きつける秘訣や堺雅人との結婚秘話など、その知られざる素顔を守護霊が明かす。

1,400円

英語霊言
日本語訳付き

守護霊インタビュー ナタリー・ポートマン & キーラ・ナイトレイ —世界を魅了する「美」の秘密—

世界を魅了する二人のハリウッド女優が、もっとも大切にしている信念、そして使命感とは？ 彼女たちの「美しさ」と「輝き」の秘密に迫る。

1,400円

堺雅人の守護霊が語る 誰も知らない「人気絶頂男の秘密」

個性的な脇役から空前の大ヒットドラマの主役への躍進。人気俳優・堺雅人の素顔に迫る110分間の守護霊インタビュー！

1,400円

大川隆法 ベストセラーズ・霊的世界と宇宙の神秘

新しい霊界入門

人は死んだらどんな体験をする？

あの世の生活って、どんなもの？ すべての人に知ってほしい、最先端の霊界情報が満載の一書。渡部昇一氏の恩師・佐藤順太氏の霊言を同時収録。

1,500円

小桜姫の新霊界案内

室町時代に実在した小桜姫が、霊界の様子や生まれ変わりのヒミツを分かりやすくガイド。芸能と関係の深い彼女は今、千眼美子として転生している!?

1,400円

ザ・コンタクト

すでに始まっている「宇宙時代」の新常識

宇宙人との交流秘史から、アブダクションの目的、そして地球人の魂のルーツまで──。「ＵＦＯ後進国ニッポン」の目を覚ます鍵がここに！

1,500円

大川隆法 ベストセラーズ・新しい美と芸能の世界へ

仏法真理が拓く芸能新時代

エンターテインメントに愛と正義を

流行るものは「善」なのか？ スターになる人の資質とは？ 仏法真理を指針とし、天国的な芸能・芸術を目指すための一冊。

1,500円

公開対談

千眼美子のいまとこれから。

出家2カ月目、「霊的生活」を語る

大川隆法　千眼美子　共著

千眼美子は、「その後」どうなったのか？ ツイッターでは伝え切れない今の気持ちや日々の生活を〝全部〟語った、大川隆法総裁とのホンネ対談。

1,300円

光り輝く人となるためには

クリエイティブでプロダクティブな人材を目指して

真の学問には「真」「善」「美」がなくてはならない──。芸能と政治のコラボなど、創造性・生産性の高い人材を養成するHSUの圧倒的な教育力とは？【ＨＳＵ出版会刊】

1,500円

※表示価格は本体価格（税別）です。

大川隆法 シリーズ・最新刊

宇多田ヒカル ――世界の歌姫のスピリチュアル・シークレット

鮮烈なデビューから20年、宇多田ヒカルの音楽と魂の秘密へ――。その仕事哲学と素顔に迫る。母・藤圭子からのメッセージも特別収録。

1,400円

巫女学入門

神とつながる9つの秘儀

限りなく透明な心を磨くための作法と心掛けとは? 古代ギリシャの巫女・ヘレーネが明かした、邪悪なものを祓い、神とつながるための秘訣。

1,400円

あなたの知らない地獄の話。

天国に還るために今からできること

無頼漢、土中、擂鉢《すりばち》、畜生、焦熱、阿修羅、色情、餓鬼、悪魔界――、現代社会に合わせて変化している地獄の最新事情とその脱出法を解説した必読の一書。

1,500円

Welcome to Happy Science!

幸福の科学グループ紹介

「一人ひとりを幸福にし、世界を明るく照らしたい」──。その理想を目指し、
幸福の科学グループは宗教を根本《こんぽん》にしながら、幅広い分野で活動を続けています。

宗教活動

2016年、幸福の科学は
立宗30周年を迎えました。

幸福の科学【happy-science.jp】

- 支部活動【map.happy-science.jp（支部・精舎へのアクセス）】
- 精舎（研修施設）での研修・祈願【shoja-irh.jp】
- 学生部【03-5457-1773】
- 青年部【03-6277-3176】
- 百歳まで生きる会（シニア層対象）
- シニア・プラン21（生涯現役人生の実現）【03-6384-0778】
- 幸福結婚相談所【happy-science.jp/activity/group/happy-wedding】
- 来世幸福園（霊園）【raise-nasu.kofuku-no-kagaku.or.jp】

来世幸福セレモニー株式会社【03-6311-7286】

株式会社 Earth Innovation【earth-innovation.net】

社会貢献

ヘレンの会（障害者の活動支援）【helen-hs.net】
自殺防止活動【withyou-hs.net】
支援活動
- 一般財団法人
「いじめから子供を守ろうネットワーク」【03-5719-2170】
- 犯罪更生者支援

国際事業

Happy Science 海外法人
【happy-science.org（英語版）】【hans.happy-science.org（中国語簡体字版）】

教育事業

学校法人 幸福の科学学園

- 中学校・高等学校（那須本校）【happy-science.ac.jp】
- 関西中学校・高等学校（関西校）【kansai.happy-science.ac.jp】

宗教教育機関ほか

- 仏法真理塾「サクセスNo.1」（信仰教育と学業修行）【03-5750-0747】
- エンゼルプランV（未就学児信仰教育）【03-5750-0757】
- ネバー・マインド（不登校児支援）【hs-nevermind.org】
- 一般社団法人
ユー・アー・エンゼル！運動（障害児支援）【you-are-angel.org】

高等宗教研究機関

- ハッピー・サイエンス・ユニバーシティ（HSU）
【happy-science.university】

政治活動

幸福実現党【hr-party.jp】

- <機関紙>「幸福実現NEWS」
- <出版> 書籍・DVDなどの発刊
- 若者向け政治サイト【truthyouth.jp】

HS政経塾【hs-seikei.happy-science.jp】

出版事業

幸福の科学の内部向け経典の発刊

幸福の科学の月刊小冊子【info.happy-science.jp/magazine】

幸福の科学出版株式会社【irhpress.co.jp】

- 書籍・CD・DVD・BDなどの発刊
- <映画>「さらば青春、されど青春。」【saraba-saredo.jp】など
- <オピニオン誌>「ザ・リバティ」【the-liberty.com】
- <女性誌>「アー・ユー・ハッピー?」【are-you-happy.com】
- <書店> ブックスフューチャー【booksfuture.com】
- <広告代理店> 株式会社メディア・フューチャー

メディア関連事業

メディア文化事業

- <ネット番組>「THE FACT」【youtube.com/user/theFACTtvChannel】
- <ラジオ>「天使のモーニングコール」【tenshi-call.com】

スター養成部（芸能人材の育成）【03-5793-1773】

ニュースター・プロダクション株式会社【newstarpro.co.jp】

- <映画>「君のまなざし」【kimimana-movie.jp】など

ARI Production株式会社【aripro.co.jp】

- <映画>「心に寄り添う。」【aripro.co.jp/products/kokoro-yorisou】

入会のご案内

幸福の科学では、大川隆法総裁が説く仏法真理《ぶっぽうしんり》をもとに、「どうすれば幸福になれるのか、また、他の人を幸福にできるのか」を学び、実践しています。

入会

仏法真理を学んでみたい方へ

ネットで入会

大川隆法総裁の教えを信じ、学ぼうとする方なら、どなたでも入会できます。入会された方には、『入会版「正心法語《しょうしんほうご》」』が授与されます。

三帰《さんき》誓願《せいがん》

信仰をさらに深めたい方へ

仏弟子としてさらに信仰を深めたい方は、仏《ぶっ》・法《ぽう》・僧《そう》の三宝《さんぽう》への帰依を誓う「三帰誓願式」を受けることができます。三帰誓願者には、『仏説・正心法語』『祈願文《きがんもん》①』『祈願文②』『エル・カンターレへの祈り』が授与されます。

幸福の科学 サービスセンター
TEL 03-5793-1727（受付時間／火～金:10～20時 土・日祝:10～18時）

幸福の科学 公式サイト
happy-science.jp

ハッピー・サイエンス・ユニバーシティ
Happy Science University

ハッピー・サイエンス・ユニバーシティ(HSU)は、大川隆法総裁が設立された「現代の松下村塾」であり、「日本発の本格私学」です。

公式サイト **happy-science.university**

学部のご案内

人間幸福学部

人間学を学び、新時代を切り拓くリーダーとなる

経営成功学部

企業や国家の繁栄を実現する、起業家精神あふれる人材となる

未来産業学部

新文明の源流を創造するチャレンジャーとなる

長生キャンパス
〒299-4325
千葉県長生郡長生村一松丙 4427-1
Tel.0475-32-7770

未来創造学部

時代を変え、未来を創る主役となる

政治家やジャーナリスト、俳優・タレント、映画監督・脚本家などのクリエーター人材を育てます。
4年制と短期特進課程があります。

・4年制
1年次は長生キャンパス、2年次以降は東京キャンパスです。

・短期特進課程(2年制)
1年次・2年次ともに東京キャンパスです。

HSU未来創造・東京キャンパス
〒136-0076 東京都江東区南砂2-6-5
Tel.03-3699-7707

NEW STAR PRODUCTION

ニュースター・プロダクション

「新時代の"美しさ"」を創造する芸能プロダクションです。2016年3月に映画「天使に"アイム・ファイン"」を、2017年5月には映画「君のまなざし」を公開しています。

公式サイト **newstarpro.co.jp**

ARI Production

ARI《アリ》 Production《プロダクション》

タレント一人ひとりの個性や魅力を引き出し、「新時代を創造するエンターテインメント」をコンセプトに、世の中に精神的価値のある作品を提供していく芸能プロダクションです。

公式サイト **aripro.co.jp**

幸福実現党

党の機関紙「幸福実現NEWS」

内憂外患《ないゆうがいかん》の国難に立ち向かうべく、2009年5月に幸福実現党を立党しました。創立者である大川隆法党総裁の精神的指導のもと、宗教だけでは解決できない問題に取り組み、幸福を具体化するための力になっています。

幸福実現党 釈量子サイト
shaku-ryoko.net

Twitter
釈量子@shakuryokoで検索

若者向け政治サイト「TRUTH YOUTH」

若者目線で政治を考えるサイト。現役大学生を中心にしたライターが、雇用問題や消費税率の引き上げ、マイナンバー制度などの身近なテーマから、政治についてオピニオンを発信します。

truthyouth.jp

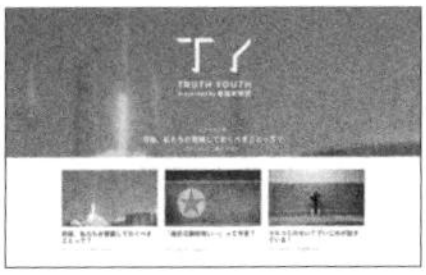

幸福実現党 党員募集中

あなたも幸福を実現する政治に参画しませんか。

○幸福実現党の理念と綱領、政策に賛同する18歳以上の方なら、
どなたでも参加いただけます。

○党費:正党員(年額5千円[学生 年額2千円])、
特別党員(年額10万円以上)、家族党員(年額2千円)

○党員資格は党費を入金された日から1年間です。

○正党員、特別党員の皆様には
機関紙「幸福実現NEWS(党員版)」が送付されます。

*申込書は、下記、幸福実現党公式サイトでダウンロードできます。

住所 **〒107-0052**
東京都港区赤坂2-10-8 6階
幸福実現党本部

TEL **03-6441-0754**
FAX **03-6441-0764**
公式サイト **hr-party.jp**

大川隆法　講演会のご案内

大川隆法総裁の講演会が全国各地で開催されています。講演のなかでは、毎回、「世界教師」としての立場から、幸福な人生を生きるための心の教えをはじめ、世界各地で起きている宗教対立、紛争、国際政治や経済といった時事問題に対する指針など、日本と世界がさらなる繁栄の未来を実現するための道筋が示されています。

2018年7月4日 さいたまスーパーアリーナ「宇宙時代の幕開け」

2017年5月14日 ロームシアター京都「永遠なるものを求めて」

2017年8月2日 東京ドーム「人類の選択」

2018年2月3日 都城市総合文化ホール(宮崎県)「情熱の高め方」

2017年12月7日 幕張メッセ(千葉県)「愛を広げる力」